Here's your dedication trai

"All'amore di mia madre, che è s[...] qualunque cosa accadesse, e che ora veglia su di noi dal cielo. Anche alle mie tre rocce, mio marito e i miei due figli. E a tutti coloro che hanno incrociato il mio cammino, nel bene e nel male, lasciandomi lezioni dalle quali ho imparato nella vita."

QUANTE' FACILE DIMENTICARE ...

Capitolo 1: Radici di Amore e Scontro

Nella calda estasi di una calda giornata di agosto, Anna e Arturo, due anime legate da un amore indissolubile, si sposarono in un angolo pittoresco della provincia di Teramo, un piccolo paesino incastonato tra le colline abruzzesi. La cerimonia, intima e sincera, era pervasa da una semplicità che solo l'autenticità dell'amore può conferire. Le campane della chiesa suonavano a festa, e il vento lieve portava con sé le melodie di un amore giovane e vibrante. Anna, con il suo vestito bianco e la sua eleganza innata, brillava come una stella tra le nuvole, mentre Arturo, con il suo sguardo deciso e il sorriso orgoglioso, rappresentava il sostegno e la forza di un legame che prometteva di superare qualsiasi avversità.

Il destino li condusse, dopo il matrimonio, lontano dai loro affetti e dalla loro terra d'origine. Si trasferirono al nord, in Friuli, in un paesino tranquillo della provincia di Pordenone. Lì, immersi nella serenità delle campagne friulane, Arturo trovò lavoro e il loro sogno di una nuova vita sembrava realizzarsi. La famiglia di Arturo, un clan di lavoratori instancabili e solidali, accoglieva Anna con affetto e calore, rendendo meno pesante la distanza dalla casa natale.

Ma il vento del cambiamento non tardò ad arrivare. Dopo pochi mesi di matrimonio, Anna scoprì di essere in attesa della loro prima figlia. La gioia del futuro genitore fu offuscata dall'urgenza di un nuovo trasferimento. Arturo cercando opportunità di lavoro in terre lontane, decise di partire per l'Australia. La scelta era dettata dalla speranza di un futuro migliore, ma significava lasciare Anna e la piccola sotto la protezione delle cognate in Friuli.

La gravidanza avanzava con la dolcezza di una promessa di vita e, finalmente, nacque la prima figlia, una bambina che Anna amava con tutto il cuore. Tuttavia, la distanza tra i genitori e la mancanza della figura paterna si fecero sentire. Arturo, impaziente di riunirsi con la sua famiglia, organizzò il viaggio di ritorno per Anna e la neonata. Acquistò i biglietti e il destino li condusse a Carlton, un sobborgo di Melbourne noto per essere un angolo d'Italia in terra australiana.

Nel Ottobre di quell'anno, il destino si compì. Nacqui io, Carla, un frutto dell'amore ritrovato in un paese lontano. La mia infanzia fu caratterizzata da un senso di tranquillità e di sicurezza, una dolce routine che sembrava accogliere il mio arrivo con calore. Ricordo il pane che adoravo, una passione che mi era stata trasmessa dalla mia madre, la quale era sempre pronta a soddisfare i miei piccoli desideri.

Tuttavia, dietro il velo della tranquillità, si celava una realtà complessa e stratificata. Papà, con il suo carattere forte e deciso, nutriva aspettative ben precise. Avrebbe voluto un maschio e mi chiamava "Carletto" nei primi anni della mia vita, un soprannome che mi ricordava costantemente la sua delusione. Mi metteva una scodella in testa e mi tagliava i capelli cortissimi, come per cercare di modellarmi secondo la sua visione di virilità.

Con il passare degli anni, il mio carattere si fece più ribelle e i contrasti con mio padre divennero più evidenti. Sentivo un abisso tra il modo in cui lui trattava me e mia sorella. Lei era la sua principessa, mentre io venivo etichettata come la pecora nera. Le sue parole, spesso dure e senza pietà, colpivano il mio cuore giovane e sensibile. All'inizio, il dolore era insopportabile, ma ben presto imparai a nascondere le mie ferite e a indossare una maschera di indifferenza.

In tutto questo, mia madre era la mia roccia, il faro che mi guidava e mi proteggeva. Era sempre al mio fianco, pronta a sostenermi e a difendermi dalle ingiustizie. La sua presenza era un balsamo per le mie ferite e una fonte di amore incondizionato che mi dava la forza di affrontare le sfide quotidiane.

La mia infanzia, pur se contrassegnata da contrasti e difficoltà, fu anche un periodo di crescita e di scoperta. Ogni giorno era una nuova avventura, un'opportunità per esplorare il mondo e per comprendere il mio posto in esso. La mia famiglia, con tutte le sue imperfezioni e le sue tensioni, era comunque il mio rifugio e il mio punto di partenza.

Nel cuore di Melbourne, tra le strade affollate e le case colorate di Carlton, iniziai a comprendere la complessità della mia esistenza e il valore delle mie radici. La distanza e le differenze culturali si intrecciavano con le sfide familiari, creando un mosaico di esperienze che avrebbero plasmato il mio futuro.

Capitolo 2: Adolescenza Turbolenta

La mia adolescenza è stata un campo di battaglia, un luogo dove l'autorità e la ribellione si scontravano ogni giorno. Ero una ragazza che odiava le regole imposte dall'alto. Qualsiasi tentativo di costringermi a fare qualcosa che non volevo era destinato a fallire. Ero indipendente, testarda, e, sebbene non avessi paura di ammettere i miei errori, non potevo sopportare di essere comandata. Ma questa mia indole mi portava inevitabilmente allo scontro con una figura che incarnava l'autorità in modo implacabile: mio padre.

——-HERE——

Il padre-padrone

Mio padre non era solo un uomo di potere in casa, era un despota, un tiranno che governava con il pugno di ferro. Le sue mani, dure come la pietra, lasciavano segni non solo sul mio corpo, ma anche nella mia anima. Quante sberle, quanti pugni, quante punizioni inflitte non solo per le mie azioni, ma anche per quelle di mia sorella. Ero la sua vittima designata, il capro espiatorio dei suoi fallimenti e delle sue frustrazioni. Quando rimproverava mia sorella, io intervenivo, cercavo di proteggerla, di difenderla da quella furia cieca. Ma ogni mia parola, ogni mio gesto di difesa non faceva altro che alimentare la sua rabbia. Ricordo ancora gli schiaffi, forti, improvvisi, come fulmini che squarciavano il cielo della mia esistenza. Eppure, ogni colpo ricevuto non faceva altro che alimentare la mia ribellione.

Il rifugio nei sogni

Nel caos della mia adolescenza, trovai rifugio in un mondo tutto mio, un mondo fatto di sogni, di musica, di speranza. Era il mio porto sicuro, il luogo dove potevo essere libera, dove le urla e la violenza di mio padre non potevano raggiungermi. La musica diventò la mia salvezza, e in particolare un gruppo rock scozzese, i Bay City Rollers, divenne il mio faro in un mare in tempesta. Io e mia sorella eravamo ossessionate da loro. Collezionavamo ogni rivista, ogni foto, ogni frammento della loro esistenza. Riempivamo quaderni con immagini, testi, sogni ad occhi aperti. Ma tutto doveva essere nascosto, celato agli occhi di mio padre. Vivevamo nel costante terrore che lui scoprisse il nostro piccolo universo segreto.

E quel giorno maledetto arrivò. Ricordo ancora il momento in cui lui trovò quei quaderni. Ogni pagina sfogliata era un colpo al cuore, ogni foto scoperta un passo verso la distruzione del nostro rifugio. E le sberle arrivarono, come al solito, ma questa volta sembravano avere un significato più profondo. Era come se volesse distruggere non solo ciò che avevamo creato, ma anche la parte di noi che ancora resisteva alla sua tirannia. Mia sorella scappò, cercando di sfuggire alla furia di nostro padre, ma io rimasi, incassando colpi su colpi, finché non sentii che il mio corpo non poteva sopportare oltre. Eppure, nonostante tutto, il mio orgoglio rimaneva intatto.

Il peso dell'oppressione di mio padre si faceva sempre più insopportabile. Era come vivere sotto una cappa di piombo, ogni giorno uguale all'altro, ogni respiro difficile. "Io sono il re della famiglia," ripeteva, "e voi dovete obbedirmi." Quelle parole risuonavano nella mia mente come un mantra oscuro, un incantesimo che cercava di spezzarmi, di farmi sottomettere. Ma dentro di me c'era ancora una scintilla, una piccola fiamma che rifiutava di spegnersi.

Il dolore invisibile

L'indomani, andai a scuola con le labbra spaccate e lividi che si nascondevano sotto i vestiti. Non c'era bisogno di parole, il dolore era lì, evidente a chiunque volesse vederlo. Ma nessuno parlava, nessuno osava sfidare il silenzio che avvolgeva la mia vita. Solo una maestra, la più severa della scuola, vide oltre la maschera che indossavo. Era diventata la mia protettrice, l'unica che voleva combattere per me, che voleva denunciare mio padre. Ma io rifiutai. Avevo paura, paura delle conseguenze, paura di ciò che mio padre avrebbe potuto fare se avesse scoperto che lo avevo denunciato. Meglio soffrire in silenzio, pensavo. Meglio subire, piuttosto che rischiare di perdere l'unica cosa che mi legava ancora alla vita: mia madre.

Un amore fragile

Mia madre era il mio faro, la mia roccia in un mare di dolore. Nonostante la sua fragilità, il suo sguardo mi dava forza. Non poteva difendermi apertamente, lo sapevo, ma il suo amore era palpabile, presente in ogni piccolo gesto, in ogni carezza nascosta. Era lei che mi teneva ancorata alla realtà, che mi impediva di crollare completamente. Ma sapevo che anche lei soffriva, e questo mi rendeva ancora più determinata a non lasciarla sola.

La caduta nell'abisso

Quando mia sorella si sposò, il mio mondo crollò. Mi mancava terribilmente, e il vuoto che lasciava nella mia vita diventava insopportabile. Fu allora che iniziai a non mangiare. Non era una scelta consapevole, era come se il mio corpo rifiutasse di nutrirsi, come se volesse scomparire, svanire nell'ombra. L'anoressia mi colse di sorpresa, portandomi in un abisso dal quale non riuscivo a uscire. A 20 anni pesavo solo 37 chili, un fantasma di quella che ero stata. Trascorsi tre lunghe settimane in ospedale, seguite da sei mesi di terapia psicologica. Ma anche allora, mio padre mi considerava semplicemente "malata di mente". Non capiva, non voleva capire. Per lui, ero solo un problema da risolvere, un ostacolo alla sua autorità.

L'anoressia mi portò in ospedale, dove trascorsi tre settimane di lunga solitudine e isolamento. Seguirono sei mesi di terapia con uno psicologo, un viaggio difficile verso la guarigione che si intrecciava con il dolore e la consapevolezza di essere considerata da papà una malata di mente. Quell'etichetta, che mi descriveva come "malata", era un ulteriore peso sulla mia anima già tormentata.

In quei momenti di disperazione, l'unica costante era l'amore che mia madre mi trasmetteva. La sua presenza, sebbene non potesse cambiare la realtà, era un faro di speranza. La sua gentilezza e il suo sostegno mi aiutavano a sopportare le difficoltà e a mantenere viva la speranza in un futuro migliore. Il dolore che avevo subito era parte di un quadro più ampio di lotte e prove, ma la forza dell'amore materno mi dava la forza di affrontare anche i giorni più oscuri.

Alla fine, fu l'amore per mia madre a salvarmi. Nonostante tutto, nonostante il dolore, nonostante la paura, il legame che avevo con lei era più forte di qualsiasi cosa. E così, ho trovato la forza di andare avanti, di resistere, di non cedere completamente all'oscurità. Ma le cicatrici di quegli anni non sono mai andate via. Sono ancora lì, nascoste sotto la pelle, pronte a riemergere nei momenti più inaspettati. Eppure, nonostante tutto, sono qui, pronta a raccontare la mia storia. Perché alla fine, la verità è l'unica cosa che ci rimane. E la mia verità è questa: un'adolescenza segnata dal dolore, ma anche dalla speranza, dall'amore, e dalla forza di resistere, nonostante tutto.

Capitolo 3: La Morsa della Casa

Il silenzio in casa era assordante, ma dentro di me, i pensieri urlavano. Ogni volta che provavo a esprimere un sentimento, a condividere una paura, venivo zittita, giudicata, etichettata. Mi dicevano che non ero normale. "Forse è vero," pensavo a volte. "Forse sono io il problema." Ma più il tempo passava, più quelle parole, quelle accuse, si trasformavano in una catena che mi strangolava lentamente.

Ero intrappolata in quella casa che chiamavo "casa", ma che per me aveva perso ogni senso di rifugio. Mia madre, con i suoi occhi pieni di lacrime trattenute, non aveva mai avuto il coraggio di ribellarsi a mio padre, un uomo che governava la famiglia con pugno di ferro. Ogni suo sguardo era un giudizio, ogni parola una sentenza.

Mia sorella, colei che un tempo era stata la mia confidente, sembrava ora un'estranea, assorbita dal potere della famiglia e dalla paura di deviare dal percorso che le avevano tracciato. Ero sola. Circondata da persone, ma sola.

Poi quella sera. Ricordo ogni dettaglio come fosse accaduto ieri. Avevo deciso che dovevo salvarmi. Dovevo fuggire. E l'unico modo per farlo era allontanarmi da tutto, da tutti. Così, in un momento di rara audacia, mi trovai davanti alla mia famiglia riunita. Tremavo dentro, ma fuori dovevo sembrare decisa. "Voglio andare via," annunciai. "Ho bisogno di sei mesi lontano da tutto questo."

Non feci in tempo a finire la frase che già mi sentii sopraffatta da voci e accuse. Mio padre fu il primo a parlare. "Sei pazza", disse. "Hai bisogno di aiuto, non di scappare. Non andrà mai via di casa qualcuno che non è in grado di gestirsi." Il tono di quella voce penetrava nelle mie ossa come un vento gelido. Mia madre non disse una parola, ma i suoi occhi parlavano per lei. Guardavo lei, cercavo un segno, un sostegno, ma tutto ciò che ricevetti fu un silenzio carico di tristezza e impotenza. Mia sorella, che un tempo avrebbe combattuto per me, stava in silenzio, immobile come una statua.

Ero appoggiata al muro, con il cuore in gola, circondata da chi diceva di volermi bene ma che in quel momento sembrava più un nemico che un alleato. Le loro parole erano pugnali, ogni accusa un colpo. "Hai bisogno di un medico", "Sei fuori di testa", "Non capisci che così ci fai soffrire tutti?" Le loro voci si sovrapponevano, creando un caos che mi confondeva, mi faceva sentire sempre più piccola, fino a quando non potei più trattenere le lacrime.

Fu in quel momento che capii che non potevo più rimanere lì. Ero come un uccello con le ali tarpate, prigioniera di una gabbia invisibile ma tanto reale da soffocarmi. Dovevo fuggire. Non solo da quella stanza, ma da tutto ciò che mi teneva legata a quella vita.

Riuscii a sfuggire dal cerchio, quasi come se avessi trovato una forza nascosta dentro di me. Mi precipitai verso il telefono, le mani tremanti mentre componevo il numero di mia zia. Era l'unica persona in famiglia che avevo sempre sentito vicina, un'anima gentile in un mare di durezza.

"Zia... aiutami," singhiozzai, la voce rotta dal pianto. "Qui tutti pensano che io sia pazza. Vogliono chiudermi in un manicomio."

Non sapevo nemmeno se fossi riuscita a spiegarmi bene, ma non importava. Dall'altra parte della linea, la sua voce dolce e rassicurante mi diede una speranza. "Prendi il primo volo per Venezia," mi disse. "Vieni qui da me. Non sei pazza. Loro sono quelli che non capiscono. Io ti accoglierò, qui sarai al sicuro."

Quelle parole furono un balsamo per la mia anima ferita. Finalmente qualcuno che non mi giudicava, qualcuno che vedeva il mio dolore senza sminuirlo.

La decisione di lasciare la casa paterna era stata la più difficile che avessi mai preso, ma anche la più necessaria. Dopo anni di sofferenza silenziosa, sentivo che stavo per crollare sotto il peso di tutte le aspettative, le botte, le parole che tagliavano più delle sberle. Mio padre aveva trasformato la nostra casa in una prigione, e il suo dominio assoluto sulla famiglia era diventato insostenibile. Ero stanca di lottare contro un uomo che non riusciva a vedermi per ciò che ero: una giovane donna con sogni, desideri e, soprattutto, una voglia disperata di libertà.

Le ultime ore a Melbourne furono un misto di sollievo e angoscia. Avevo fatto le valigie con cura, raccogliendo solo le cose essenziali. Ogni oggetto che infilavo in valigia era un simbolo di speranza, un segno che mi stavo lasciando alle spalle quella vita di dolore. Ma la paura era sempre lì, nascosta sotto la superficie del mio coraggio.

Ricordo il viaggio in macchina verso l'aeroporto come un tunnel di silenzio. Mio padre guidava senza dire una parola, il suo viso era una maschera di indifferenza. La sua freddezza mi colpiva come una coltellata ogni volta che lo guardavo. Non c'era traccia di rimorso nei suoi occhi, nessun segno che gli importasse davvero di ciò che stavo per fare. Era come se avesse già cancellato dalla sua vita quella figlia che non era mai riuscito ad amare.

Mia madre, invece, era una statua di dolore trattenuto. Sapevo che ogni fibra del suo essere voleva implorarmi di restare, di non lasciarla sola con quell'uomo che amava e temeva allo stesso tempo. Ma non disse nulla. Le sue lacrime parlavano per lei, e il suo abbraccio all'aeroporto fu l'addio più struggente che avessi mai vissuto. Sentii il suo cuore battere contro il mio, e in quel momento capii che stavo lasciando una parte di me stessa lì, in quella città che era stata testimone delle mie ferite più profonde.

Quando l'aereo decollò, mi sentii sollevata, ma anche spezzata. Ogni chilometro che mi allontanava da Melbourne era un passo verso la mia libertà, ma anche un addio definitivo a quella che, nel bene e nel male, era stata la mia vita fino a quel momento. Guardai fuori dal finestrino, le luci della città si allontanavano sempre più, e con esse anche il peso che mi portavo dentro. Lì, in quel cielo infinito, cominciai a sentire che qualcosa in me stava cambiando.

Capitolo 4. IL RITORNO IN FRIULI

L'arrivo a Friuli fu come rinascere in un nuovo mondo. La mia zia mi accolse con un calore che non avevo mai sentito prima. La sua casa, così diversa da quella in cui ero cresciuta, divenne il mio rifugio. Ogni angolo di quella dimora profumava di sicurezza e tranquillità. Finalmente potevo respirare, potevo essere me stessa senza paura di essere giudicata o punita. Mia zia era una donna forte, con una saggezza che si rifletteva nei suoi occhi profondi. Mi guardava con affetto, ma anche con comprensione. Lei sapeva, senza che io dicessi nulla, tutto il dolore che mi portavo dentro.

Durante quei sei mesi, mi ritrovai. Venezia divenne il palcoscenico della mia guarigione. Passeggiavo lungo i canali, assaporando ogni attimo di libertà. La città, con la sua bellezza malinconica, mi insegnava che c'è sempre una via di fuga, che il dolore non è eterno, e che, anche nelle ombre più scure, c'è sempre una luce che può guidarci fuori.

Cominciai a scrivere, a mettere nero su bianco tutte le emozioni che avevo represso per anni. La scrittura divenne il mio modo di curare le ferite, di esprimere tutto ciò che non ero mai riuscita a dire. Ogni parola era un passo verso la guarigione, ogni frase un mattone per ricostruire la mia identità. La mia zia mi incoraggiava, mi diceva che avevo un dono, che dovevo continuare a scrivere, perché attraverso quelle parole potevo trovare la pace che cercavo.

E così, giorno dopo giorno, ritrovai la mia forza. Non era facile, ci furono momenti in cui il dolore tornava a galla, in cui mi sentivo di nuovo persa. Ma ora sapevo di non essere sola. Sapevo che avevo il diritto di essere felice, di vivere la vita che avevo sempre sognato.

La prima sera a Venezia, il cielo era coperto da nuvole grigie, ma dentro di me c'era una nuova luce. Mia zia mi propose una passeggiata per incontrare alcuni parenti che abitavano lì vicino. Era la prima volta che mi sentivo libera dopo tanto tempo. La città era così diversa dall'Australia: i suoni, i colori, l'odore del mare che si mescolava con quello dei vecchi muri. Camminavamo lungo le strade strette, dove il tempo sembrava scorrere più lentamente, e ogni passo mi avvicinava sempre di più a questa nuova realtà.

Dopo un paio d'ore, però, iniziò a piovere. Le prime gocce scivolavano giù lente, ma presto la pioggia diventò più intensa, bagnandoci da capo a piedi. Decidemmo di tornare a casa a piedi, stringendoci i cappotti addosso, quando una macchina si fermò vicino a noi. I finestrini si abbassarono, e vidi due ragazzi a bordo. Alla guida c'era un giovane dall'aspetto familiare per mia zia.

"È il figlio del compare di nozze," mi spiegò sorridendo. "Vieni, ci danno un passaggio."

Lui ci offrì gentilmente un passaggio, e con la pioggia che aumentava, non ci fu molto da discutere. Salii in macchina e la zia mi presentò: "Questa è mia nipote, viene dall'Australia."

Non parlavo bene l'italiano, e men che meno il friulano, il dialetto della zona, ma i ragazzi furono carini, gentili. L'amico del guidatore mi rivolse qualche parola cercando di coinvolgermi, e io rispondevo come potevo, con qualche sorriso timido e frasi spezzate. Nonostante la mia incertezza linguistica, riuscivamo comunque a capirci con gli sguardi. Fu un viaggio breve, ma in quei pochi minuti sentii per la prima volta un senso di appartenenza. Ero una straniera, ma non mi trattavano come tale.

Quando arrivammo a casa, li ringraziammo e ci salutarono con calore. Non sapevo allora quanto quel piccolo incontro avrebbe influenzato i mesi successivi della mia vita.

I giorni a Venezia passarono lentamente, ma era esattamente ciò di cui avevo bisogno. Mia zia si prendeva cura di me come una madre, e presto iniziai a chiamarla "la mia mamma italiana". Era come se avessi due madri, una qui, dall'altra parte del mondo, e l'altra in Australia, entrambe pronte a proteggermi e a volermi bene incondizionatamente. Era un conforto sapere di avere qualcuno che mi sosteneva in modo così sincero, soprattutto dopo aver vissuto anni in cui mi sentivo costantemente giudicata e incompresa.

Ogni giorno la zia mi insegnava qualcosa di nuovo. Mi mostrava come preparare i piatti tipici della zona, mi raccontava storie della sua gioventù, e mi aiutava a migliorare il mio italiano. Era paziente, sempre pronta a rispondere a ogni mia domanda, senza mai farmi sentire fuori posto. Con lei, il mondo sembrava più semplice, meno complicato. Le sue parole erano come un balsamo per la mia anima ferita.

Passai settimane intere in quella casa, che ormai sentivo come mia. Iniziavo lentamente a lasciarmi alle spalle il dolore, il senso di colpa e l'angoscia che avevo portato con me dall'Australia. Mi svegliavo ogni giorno con un nuovo senso di pace, qualcosa che non avevo mai conosciuto fino ad allora.

Poi arrivò il giorno in cui partimmo per il mare. Mia zia aveva organizzato tre settimane in una piccola località balneare. Era una cosa semplice, ma per me era straordinaria. Non avevo mai pensato che il mare potesse avere un effetto così calmante. Mi sedevo sulla sabbia, guardando le onde che si infrangevano sulla riva, e per la prima volta, dopo tanto tempo, mi sentivo libera. Libera dalle catene emotive che mi avevano legato così a lungo.

Ogni giorno al mare era un nuovo inizio. Camminavo lungo la spiaggia, sentendo il sole scaldarmi la pelle e il vento scompigliarmi i capelli, e lasciavo che la mia mente vagasse. Pensavo all'Australia, alla mia casa, a mia madre, e soprattutto a mia sorella. Anche se lei mi aveva ferita profondamente, non riuscivo a smettere di volerle bene. Era una parte di me che non potevo cancellare. Continuavo a chiedermi perché fosse cambiata così tanto, perché mi avesse abbandonata in quel momento di difficoltà.

Eppure, nonostante tutto, il mio cuore continuava a cercarla. Sapevo che, se avessi avuto l'opportunità, avrei fatto qualsiasi cosa per riconciliarmi con lei. Ma in quei giorni al mare, decisi di mettere da parte il rancore e di concentrarmi su di me. Dovevo guarire, dovevo ritrovarmi.

QUANT'E' FACILE DIMENTICARE

Quando tornammo dal mare, qualcosa in me era cambiato. Mi sentivo diversa, più forte, più consapevole di chi ero e di cosa volevo. Venezia e mia zia mi avevano dato lo spazio e il tempo di cui avevo bisogno per riscoprirmi. Non ero più la ragazza spaventata e insicura che era fuggita dall'Australia. Ero diventata una donna, pronta a riprendere in mano la sua vita.

Continuai a esplorare la città, a fare passeggiate lungo le strade, a parlare con le persone. Ogni giorno imparavo qualcosa di nuovo, miglioravo il mio italiano, e con esso anche la mia capacità di esprimermi, di dire davvero quello che pensavo. Non ero più intrappolata nelle mie paure.

Mia zia continuava a starmi accanto, sempre pronta a sostenermi, ma a un certo punto capii che non avevo più bisogno di essere accudita. Ero pronta a camminare da sola. Avevo ancora un lungo viaggio davanti a me, ma non mi spaventava piu.

Arrivammo a casa, e mentre scendevo dalla macchina, notai quanto i ragazzi fossero autenticamente gentili e disponibili. Quella sera, a casa della zia, mi sentivo come se avessi trovato una nuova famiglia. La sua premura era evidente in ogni piccolo gesto, e la chiamavo affettuosamente "la mia mamma italiana." Avevo due mamme, una dall'altra parte del mondo, che mi amavano con tutto il cuore.

Telefonavo spesso a mia madre, ma ogni volta che chiamavo, rispondeva mio padre e poi chiudeva la chiamata senza dire una parola. Quel silenzio brutale era un colpo al cuore. Tuttavia, di nascosto, mia madre mi chiamava, confortandomi con le sue parole d'amore. Questo era il nostro segreto, qualcosa che solo noi due condividevamo, e sapevo che era l'unica cosa che mi teneva in piedi.

Mia zia era una fonte di serenità e il suo sostegno mi aiutava a combattere l'anoressia. Lei e mia madre erano le uniche due persone in cui avevo una fiducia totale. Passavano i giorni, le settimane, i mesi, e mentre mi adattavo alla vita in Friuli, un evento inaspettato sconvolse tutto.

Capitolo 5: Il Ritorno Inaspettato

Era una giornata di fine agosto, e il piccolo paesino in Friuli stava già iniziando a prepararsi per l'autunno. Le giornate si accorciavano, e l'aria fresca portava con sé la promessa di cambiamenti. Ero immersa nella mia nuova vita, trovando gioia nei piccoli momenti e costruendo una routine che mi permetteva di sentirmi a casa, lontana dall'Australia. La mia zia, con la sua gentilezza e il suo amore incondizionato, era diventata un pilastro fondamentale nella mia vita.

Poi, come un fulmine a ciel sereno, mio padre apparve nel paesino. Il suo arrivo fu un vero e proprio shock. Non mi sarei mai aspettata di rivederlo qui, in questa tranquilla località che avevo imparato ad amare. La mia mente andò subito in tilt: perché era venuto? Cosa ci faceva qui, dopo tutto quel tempo? La mia curiosità e il mio timore si mescolavano, creando una miscela di ansia e confusione.

Quando lo incontrai, la sua espressione era di determinazione misto a una sorta di sdegno. Non sembrava felice di vedermi, ma la sua voce era dura, priva di emozioni. "Qualcuno del paese mi ha chiamato," disse senza preamboli. "Mi hanno detto che tu… tu stai andando a letto con tutti i ragazzi del posto."

Le sue parole furono come una secchiata di acqua gelida. Rimasi paralizzata, incapace di rispondere. "Cosa? È una bugia!" protestai, il cuore che mi martellava in petto. "Non è vero, papà! Non ho fatto nulla di tutto questo!"

Lui non mi credette. Non era la prima volta che mi sentivo come se fossi invisibile agli occhi di mio padre, ma era la prima volta che sentivo una così palpabile mancanza di fiducia. Mi guardò con disprezzo, come se le sue accuse avessero una verità intrinsecamente indiscutibile.

"Ma perché sei venuto qui per questo?" chiesi, la voce rotta dalla frustrazione. "Hai speso tempo e soldi per venire fino a qui basandoti su una stupida telefonata? Non potevi credermi?"

Mio padre mi ignorò, continuando a parlare di come mia madre fosse afflitta dalla mia assenza. Usava questo come scusa per cercare di convincermi a tornare a Melbourne. Non sapeva che io e mia madre ci sentivamo regolarmente, lontano dai suoi occhi severi. La mia mamma aveva sempre sostenuto il mio bisogno di stare qui, pur sapendo quanto fosse difficile per lei.

"Mia madre e io ci sentiamo spesso," dissi, cercando di mantenere la calma. "Lei mi capisce. E io non voglio tornare a casa adesso. Voglio finire il mio tempo qui."

Mio padre non accettò le mie ragioni. La sua mente era chiusa, bloccata su un'unica idea: che io fossi una delusa, una ribelle, una persona da cui allontanarsi. Parlava di me come se fossi un peso, e tutti nel paese sembravano sapere della sua versione della storia: la figlia pazza che non voleva tornare a casa.

Il comportamento di mio padre fu un'altra conferma della sua incapacità di vedere oltre le apparenze. La sua necessità di mostrarsi superiore, di mantenere una facciata di controllo e autorità, lo portava a mettere in luce solo i miei presunti difetti, a ignorare le mie vere lotte. Non era in grado di vedere il mio dolore, la mia crescita, o la mia voglia di guarire. Per lui, ero semplicemente un disastro.

Eppure, nel momento di maggior difficoltà, mia zia rimase al mio fianco, dimostrandomi che non ero sola. La sua intuizione e il suo sostegno mi furono preziosi. Lei sapeva da dove proveniva il mio dolore. Aveva visto la mia anoressia e la mia lotta per ritrovare me stessa, e mi credeva completamente. Questo significava il mondo per me.

In quei giorni, riflettevo spesso su quanto fosse difficile avere due persone così diverse nella mia vita: un padre che non mi comprendeva e mamma e una zia che mi sosteneva incondizionatamente. C'era una parte di me che desiderava ardentemente una riconciliazione con mio padre, ma non sapevo come avrei potuto superare il muro di incomprensione che ci separava.

C'era qualcosa di profondo dentro di me che mi diceva di rimanere fino alla fine di ottobre, nonostante le difficoltà e le pressioni. Non era solo il desiderio di completare i sei mesi che avevo programmato, ma anche una sorta di intuizione che mi guidava. Non potevo spiegare perché, ma sentivo che dovevo completare il mio percorso di guarigione e crescita personale. Forse era l'ultima occasione per chiudere un capitolo della mia vita e iniziare un nuovo inizio con una consapevolezza più profonda di me stessa.

Mio padre, dopo aver passato qualche giorno nel paese, tornò a Melbourne. La sua delusione era palpabile, ma io mi sentivo un po' sollevata. Non dovevo più affrontare le sue accuse quotidiane e il suo giudizio. Ero libera di concentrarmi su me stessa, di continuare a guarire e a scoprire chi ero senza la sua presenza opprimente.

Il ritorno a Melbourne rappresentava per lui una sorta di sconfitta personale, una battuta d'arresto nel suo controllo su di me. Ma per me, significava una possibilità di completare la mia trasformazione, di rimanere fedele ai miei sentimenti e ai miei bisogni.

Con l'assenza di mio padre, il clima nel paese e nella casa di mia zia si fece più sereno. Continuai a vivere la mia vita, a prendere parte alle attività locali, e a immergermi nella cultura italiana. Ogni giorno era una scoperta, un passo verso la mia libertà e indipendenza. Mia zia e io trascorrevamo molto tempo insieme, e la nostra connessione si rafforzava ulteriormente. Mi sentivo finalmente in pace.

Riflettevo spesso su quanto avevo imparato e su come ero cambiata durante quei sei mesi. Avevo affrontato le mie paure, mi ero confrontata con il passato e avevo trovato una nuova forza dentro di me. Mentre il tempo si avvicinava alla fine del mio soggiorno, mi sentivo pronta a fare ritorno in Australia, ma con una nuova prospettiva.

Il 4 ottobre, il cielo sopra il piccolo paese in Friuli era grigio e nuvoloso, come se presagisse qualcosa di inaspettato. Ero immersa nella mia routine quotidiana, trovando conforto nelle piccole cose che avevano iniziato a definire la mia vita in Italia. La sera, dopo una giornata tranquilla, ricevetti una visita inaspettata. Una giovane del paese, con un'espressione seria e quasi timorosa, si presentò alla mia porta.

"Ti prego, ascolta attentamente," disse con urgenza. "Questa sera, il mio ragazzo verrà a chiederti di diventare la sua fidanzata. Ma ti prego di dirgli di no."

Le sue parole mi lasciarono sconvolta. Non capivo perché dovessi respingere una proposta che apparentemente veniva da un ragazzo gentile che avevo conosciuto. L'idea che qualcuno nel paese potesse avere una tale influenza su di me mi sembrava assurda. In quel momento, la mia mente era una tempesta di pensieri confusi e preoccupazioni.

Quella sera, mi preparai per la consueta visita al bar, un'abitudine che avevo adottato per socializzare e trascorrere del tempo con i nuovi amici che avevo fatto. Il bar era un punto di incontro piacevole, un luogo dove mi sentivo accolta e parte della comunità. Tuttavia, quel giorno c'era un senso di apprensione che non riuscivo a ignorare.

Il coprifuoco era alle 22, e stavo per uscire dal bar quando lo vidi. Era lì, il ragazzo di cui mi aveva parlato la giovane del paese, e il mio cuore fece un salto. Lui mi avvicinò, un sorriso timido sul volto. "Dove stai andando?" chiese con un tono gentile.

"Devo tornare a casa per non far arrabbiare mia zia," risposi, cercando di mantenere un tono neutro. Lui si offrì di accompagnarmi, e accettai con un sorriso. Era il figlio del compare di nozze di mia zia, quello che avevo incontrato il primo giorno in Friuli. Non potevo immaginare che quella sera avrebbe cambiato il corso della mia vita in modi che non avevo previsto.

Saliamo in bici e iniziammo il viaggio verso casa. La pioggia ricominciò a cadere, proprio come il giorno del nostro primo incontro. Il ritmo delle ruote sulla strada bagnata e il rumore della pioggia erano quasi ipnotici, creando un'atmosfera intima e malinconica. Ogni goccia che scivolava lungo il mio viso sembrava lavare via le preoccupazioni e le tensioni.

Quando arrivammo a casa, la sua presenza era un misto di conforto e anticipazione. Si fermò davanti al cancello, e con uno sguardo sincero e speranzoso, mi disse: "So che tra poche settimane tornerai in Australia, e non riesco a immaginare di non vederti più. Vuoi essere la mia ragazza?"

In quel momento, il tempo sembrò fermarsi. Sentii una morsa di emozione e un'ondata di calore nel cuore. Senza esitare, risposi di sì. Era una risposta che veniva dal profondo del mio essere, un'accettazione di un sentimento che avevo cercato di reprimere.

I giorni seguenti furono pieni di una felicità che non avevo provato da tempo. Ogni momento passato insieme al giovane era prezioso, e la nostra relazione si sviluppava con naturalezza e gioia. Eravamo entrambi entusiasti di trascorrere il tempo insieme, esplorando la città e condividendo sogni e speranze.

Tuttavia, la nostra felicità non fu priva di ostacoli. L'ex ragazza del giovane, gelosa e risentita, cercò in tutti i modi di ostacolare la nostra relazione. La sua presenza era un'ombra costante, cercando di minare la nostra gioia con commenti e azioni maligne. Ma noi affrontammo insieme ogni difficoltà, sostenendoci a vicenda e dimostrando che il nostro legame era più forte delle avversità.

Con il passare del tempo, la data della mia partenza si avvicinava inesorabilmente. Ogni giorno era un misto di emozioni: gratitudine per il tempo trascorso, malinconia per l'addio imminente. Mentre preparavo le valigie e sistemavo le mie cose, riflettevo su quanto fosse stato significativo il mio soggiorno in Friuli.

Il tempo trascorso con mia zia e con il giovane che avevo conosciuto aveva lasciato un'impronta indelebile nel mio cuore. Non era solo la bellezza del paesaggio o la gentilezza delle persone, ma anche la connessione profonda che avevo stabilito con loro. Era come se avessi trovato una parte di me che era sempre stata mancante.

Capitolo 6: L'Addio e il Ritorno a Casa

Finalmente arrivò il giorno della mia partenza. Il saluto a mia zia fu particolarmente emozionante. Le sue lacrime e le sue parole di incoraggiamento erano un segno di quanto fosse stata importante nella mia vita. Le promisi che avrei mantenuto vivo il ricordo di questi mesi e che sarei tornata un giorno.

Il giovane, con un sorriso triste ma sincero, mi accompagnò all'aeroporto. I nostri ultimi momenti insieme erano pieni di parole non dette e di abbracci affettuosi. Anche se il nostro tempo insieme era stato breve, era stato intenso e significativo. Mi sentivo pronta ad affrontare il futuro con una nuova forza e una nuova prospettiva.

Il viaggio di ritorno a Melbourne era un miscuglio di emozioni: tristezza, nostalgia e una certa dose di speranza. La partenza dal Friuli fu dolorosa. Il giovane che avevo lasciato dietro di me, con cui avevo condiviso momenti così significativi, non poteva venire con me. Suo padre era gravemente malato, e lui doveva rimanere per prendersi cura di lui. Era una situazione difficile, ma capivo la sua scelta e il peso della responsabilità familiare.

Tornando a Melbourne, ero cambiata. La mia esperienza in Friuli mi aveva dato una nuova comprensione di me stessa e del mondo. Nonostante i sentimenti contrastanti di gratitudine e malinconia, ero pronta a ricominciare la mia vita con una nuova consapevolezza.

I ricordi di quei giorni in Friuli, il calore di mia zia e l'amore del giovane che avevo conosciuto, rimarranno sempre con me. Erano come fari luminosi nella tempesta della mia vita, guidandomi verso un futuro più luminoso e promettente.

Arrivai a Melbourne con un cuore pesante. La casa che avevo lasciato mesi prima mi sembrava diversa, come se ogni stanza fosse un ricordo di un passato che non riuscivo a mettere completamente da parte. Ogni angolo sembrava evocare la mia assenza e la distanza che avevo cercato di colmare. Ma l'ansia e la tristezza erano amplificate dalla consapevolezza che il mio ritorno non sarebbe stato accolto con l'armonia che avevo sperato.

Mio padre era lì ad aspettarmi, con un volto che non mostrava alcun segno di rimpianto o riflessione su tutto il dolore che aveva causato. Sembrava quasi che il tempo passato non avesse avuto alcun impatto su di lui, o forse era convinto di aver agito nel mio interesse. Per lui, il mio ritorno era una sorta di vittoria, una conferma della sua autorità e del suo controllo.

Entrare di nuovo in quella casa fu come riaprire una ferita mai completamente guarita. Ogni sguardo di mio padre, ogni parola che pronunciava, era un promemoria delle sue accuse e del suo disprezzo. Le cicatrici nel mio cuore erano profonde e indelebili, e l'idea che potessi dimenticare tutto il dolore che avevo vissuto sembrava impossibile. Il peso del passato mi schiacciava, rendendo difficile trovare pace e accettazione.

Le prime giornate a casa erano cariche di tensione. Le conversazioni con mio padre erano fredde e formali, e cercavo di evitare qualsiasi discussione che potesse accendere conflitti. Mi rifugiavo nelle mie stanze, immersa nei miei pensieri e nelle mie riflessioni. La mia mente tornava spesso ai giorni felici trascorsi in Friuli e al giovane che avevo lasciato indietro.

La casa, che un tempo era il mio rifugio, ora sembrava opprimente. I ricordi dei conflitti familiari e delle incomprensioni sembravano appesantire ogni angolo. Mi sentivo come se fossi tornata a una vita che non riuscivo più a riconoscere come mia, ma che ero costretta ad accettare.

Il conforto arrivò sotto forma di un abbraccio inaspettato: quello di mia madre. Quando mi strinse tra le sue braccia, sentii un'ondata di amore e comprensione che non avevo provato da tempo. Era come se tutte le tensioni e le tristezze si sciogliessero nel calore del suo abbraccio. La sua presenza era un balsamo per le mie ferite, e i suoi occhi pieni di comprensione erano il rifugio che avevo cercato.

Mia madre aveva vissuto la sua parte di sofferenza, ma il suo amore per me era incondizionato. Ogni volta che mi guardava, vedevo riflessa in lei una forza e una dolcezza che mi aiutavano a far fronte al dolore del ritorno. Le sue parole di incoraggiamento e il suo supporto erano ciò che mi dava la forza di affrontare la nuova realtà.

La vera svolta arrivò con la nascita della mia nipotina. Quando mia sorella mi chiamò per annunciarmi la nascita della sua bambina, sentii un'ondata di gioia e speranza. Era come se un nuovo capitolo della mia vita stesse per iniziare, e la presenza della piccola fosse un faro luminoso in mezzo alla tempesta.

Vedere la mia nipotina per la prima volta fu un momento di pura felicità. Il suo visetto innocente e il suo sorriso appena accennato erano come una nuova promessa di amore e di futuro. La sua presenza portava con sé una rinnovata gioia e una speranza per il futuro, un promemoria che, nonostante tutte le difficoltà, c'era ancora bellezza e amore da trovare.

Con il passare del tempo, iniziai a trovare un nuovo equilibrio nella mia vita. La presenza di mia madre e della mia nipotina era una fonte costante di conforto e di gioia. Anche se le cicatrici del passato erano ancora presenti, avevo trovato nuove motivazioni e un senso di appartenenza attraverso la famiglia che mi circondava.

Il mio ritorno a Melbourne era stato segnato da sfide e difficoltà, ma anche dalla scoperta di una nuova forza dentro di me. Il calore e l'amore della mia famiglia mi avevano aiutato a vedere oltre il dolore, e la mia nipotina rappresentava una speranza per un futuro migliore. Con il tempo, iniziai a ricostruire la mia vita, accettando le cicatrici come parte della mia storia e abbracciando le nuove opportunità con una rinnovata determinazione.

La vita riprese un ritmo quasi normale, sebbene l'indifferenza di mio padre fosse una spina nel fianco. Era come se la sua incapacità di riconoscere il mio dolore fosse un continuo promemoria della nostra disconnessione. Ero ancora la sua "malata di mente," e questa etichetta sembrava non avere mai fine.

Il 4 aprile arrivò con il suo carico di solitudine e attesa. Ogni giorno che passavo lontana dal mio lui sembrava essere un'eternità, e le conversazioni telefoniche che riuscivo a scambiare con il mio ragazzo erano come brevi lampi di luce in un mare di oscurità. Ogni chiamata era un promemoria della distanza che ci separava, un richiamo alla mancanza che provavo. Ma quella sera, la chiamata che ricevetti cambiò tutto.

La voce del mio ragazzo era spezzata, intrisa di un dolore che non avevo mai sentito prima. Mi chiese di non riattaccare, di rimanere con lui, sebbene non potessi essere fisicamente presente. Le sue parole erano interrotte da singhiozzi, e io sentivo il peso della sua tristezza come se fosse il mio. Il conforto che potevo offrirgli era imperfetto, ma era tutto ciò che avevamo in quel momento. Il suo bisogno di sentire il mio respiro, sebbene fosse un gesto semplice, era tutto ciò che potevamo condividere in quella situazione disperata.

Le lacrime mi rigavano il viso mentre ascoltavo il suo dolore. La notizia che suo padre era deceduto mi colpì con una forza devastante. Il dolore che sentivo era condiviso, eppure così distante. Non potevo essere lì con lui per offrirgli un abbraccio o un conforto fisico. La mia impotenza aumentava il peso del mio dolore e il mio senso di perdita.

Quando la conversazione finì, mi trovai immersa in un mare di tristezza e confusione. Avevo appena finito di piangere per la perdita del padre del mio ragazzo, quando mi scontrai con la realtà di casa mia. Mio padre, che aveva sempre mostrato un distacco emotivo, reagì in modo crudele e insensibile al dolore che stavo attraversando.

Mentre piangevo, cercando di elaborare il lutto e il dolore che stavo vivendo, sentii le parole di mio padre come una pugnalata al cuore. "PERCHÉ TUTTE QUESTE LACRIME? NON ERA MICA TUO PADRE," aveva detto, con una freddezza che mi lasciò senza parole. Le sue parole non solo mancarono di empatia, ma sembravano confermare la distanza emotiva che avevo sempre avvertito tra noi.

Il suo commento era un'espressione cruda e inaspettata di quanto poco capisse il mio stato d'animo. Era come se non avesse alcuna connessione con il dolore che provavo, come se il mio dolore fosse insignificante rispetto al suo mondo rigido e distaccato. Le sue parole amplificarono il mio senso di solitudine e impotenza, rendendo la mia esperienza di lutto ancora più pesante e isolata.

Il contrasto tra il dolore che provavo per la perdita del padre del mio ragazzo e l'indifferenza di mio padre era stridente. Ogni giorno sembrava una battaglia tra il bisogno di conforto e la mancanza di empatia che incontravo a casa. La solitudine si faceva sempre più opprimente, e la distanza emotiva tra me e mio padre si amplificava.

Le lacrime che avevo versato per il dolore del mio ragazzo erano anche un riflesso del mio disagio interiore. Ogni singola emozione sembrava amplificata dalla reazione di mio padre, e il conflitto tra il dolore privato e l'indifferenza pubblica diventava sempre più stridente. Sentivo il peso della perdita e della solitudine come una pesante coperta che mi schiacciava.

In mezzo a tutto questo, trovavo conforto nelle piccole cose. I ricordi dei momenti felici trascorsi con il mio ragazzo e le speranze per il futuro mi davano la forza di andare avanti. Anche se non potevo essere fisicamente accanto a lui, sapevo che il nostro legame era reale e profondo.

Il supporto che ricevevo da mia madre, sebbene limitato, era un faro nella mia oscurità. La sua presenza, anche se non sempre verbale, era una forma di conforto che mi aiutava a superare le giornate difficili. In questi momenti di solitudine e di dolore, la consapevolezza che qualcuno mi amava e mi comprendeva era un ancoraggio prezioso.

Affrontare la solitudine e il dolore divenne una parte inevitabile della mia vita quotidiana. Il mio percorso di guarigione era segnato da momenti di introspezione e da una crescente resilienza. Le conversazioni telefoniche con il mio ragazzo erano un conforto imperfetto, ma mi ricordavano che, nonostante tutto, non ero sola.

La mia lotta per trovare equilibrio tra il dolore e l'indifferenza era un processo lungo e arduo. Ma la mia determinazione a superare queste sfide e a mantenere viva la memoria del padre del mio ragazzo era una forza che mi spingeva a continuare. Il tempo avrebbe portato guarigione, e io ero determinata a trovare un modo per ricostruire la mia vita, nonostante le cicatrici e le difficoltà.

CAPITOLO7. INSIEME PER ESSERE ALLONTANATI.

A giugno, il mio lui arrivò finalmente a Melbourne. La sua presenza era un faro di luce in un periodo di tenebre. Mio padre, stranamente, sembrava soddisfatto, mentre mia madre era immersa in una felicità che non riuscivo a comprendere appieno. Aveva preparato una stanza per lui e persino facilitato la sua integrazione nel lavoro con mio padre. L'atmosfera era quasi surreale. Sembrava che stessimo vivendo un sogno, un periodo di felicità intensa e di progetti condivisi per il futuro.

Avevamo in programma di lavorare in Australia per cinque anni, accumulare risparmi e poi tornare in Friuli per costruire la nostra casa, sposarci e avviare una famiglia. Era un progetto che ci univa e ci dava speranza. Mia madre trattava il mio lui con un affetto che andava oltre le parole, quasi come se fosse un figlio suo. Le coincidenze del passato, come il fatto che mia madre lo avesse conosciuto da bambino sembravano un segno del destino.Era una di quelle giornate calde e afose del 1965, quando l'aria sembrava vibrare sotto il sole cocente. Papà aveva finalmente preso la decisione di vendere tutto a Melbourne. Non era stata una scelta facile; la vita in Australia era comoda, i sacrifici fatti per costruirsi un futuro lì non erano stati pochi. Ma il richiamo dell'Italia, delle radici, era stato troppo forte. Papà desiderava tornare in Friuli, lì dove la famiglia aveva sempre trovato una propria identità, una tradizione che sembrava impossibile da abbandonare.

Mamma,, si era dedicata a piccoli lavori per arrotondare. Ed era proprio in uno di quei lavori, come babysitter per una famiglia del posto, che aveva incontrato lui, il futuro amore della mia vita . Una coincidenza straordinaria che all'epoca sembrava solo una parte della vita quotidiana. Chi avrebbe mai potuto immaginare che quel bambino che mamma accudiva avrebbe un giorno auto un ruolo cosi importante nella mia vita. Mi trovavo spesso a riflettere su quella coincidenza così curiosa. Il destino aveva intrecciato le nostre vite in modo sottile, quasi invisibile, molti anni prima che ci rendesimo conto di essere legati. Come una sorta di filo nascosto che si era teso attraverso il tempo e lo spazio, collegando la nostra famiglia in modo imprevisto.

Era straordinario pensare che la madre del mio futuro amore avesse affidato proprio a mia madre il compito di prendersi cura di lui, ignara di ciò che il futuro avrebbe riservato. L'amore e la cura che mamma aveva dato a quel bambino si riflettevano ora nel rapporto che io avevo con lui. Era come se la vita avesse preparato il terreno per qualcosa di grande, molto prima che noi potessero rendersene conto.

Passavamo il tempo libero esplorando Melbourne. I fine settimana erano dedicati a visitare parchi, locali e luoghi affascinanti della città. Ogni volta che uscivamo, mi assicuravo di tenere mia madre informata su ogni dettaglio: dove stavamo andando, quando saremmo tornati. La sua contentezza era evidente, e il mio lui era diventato una figura amata nella nostra vita.

Era una calda giornata di agosto quando decisi di portare il mio lui a Phillip Island. Era un viaggio che avevamo pianificato da settimane, un piccolo sogno che finalmente si avverava. Phillip Island era nota per la sua fauna incredibile, ma la vera attrazione, quella che catturava l'immaginazione di tutti, era la sfilata dei pinguini, un evento naturale affascinante che si ripeteva ogni sera al calare del sole.

Mentre preparavo il cestino da picnic con frutta fresca e qualche spuntino per il viaggio, sentivo un'emozione crescente. Mi immaginavo già la scena: i pinguini che emergevano dalle acque dell'oceano come piccole ombre nere, uniti nel loro viaggio verso la riva, con il cielo che si oscurava e la brezza serale che accarezzava dolcemente la spiaggia.

QUANT'E' FACILE DIMENTICARE 27

Mi girai verso di lui, seduto sul divano, intento a consultare la mappa dell'isola sul suo telefono.
"Sei pronto per una serata speciale?" gli chiesi con un sorriso, mentre chiudevo lo zaino.
"Sempre pronto, specialmente con te" rispose, alzando lo sguardo verso di me con un'espressione complice.

Mia madre, seduta al tavolo della cucina, ci osservava con affetto. "Divertitevi ragazzi, e non fate troppo tardi. So che la strada di ritorno è lunga, ma fate attenzione, mi raccomando" disse con il tono dolce di chi è abituato a prendersi cura di noi.

Le sorrisi con riconoscenza, rassicurandola che tutto sarebbe andato bene. Dentro di me, mi sentivo serena e pronta per quella serata speciale, immaginando che sarebbe stata una di quelle esperienze indimenticabili che avremmo ricordato per sempre.

Salimmo in macchina e iniziammo il viaggio verso Phillip Island. L'aria era tiepida, e i finestrini abbassati lasciavano entrare una brezza leggera che solleticava la pelle. Il sole cominciava lentamente a calare, tingendo il cielo di tonalità rosa e arancione, e la strada che attraversava la campagna era costellata di campi verdi e colline dolcemente ondulate.

Durante il viaggio, parlammo di tante cose: dei progetti futuri, di viaggi che sognavamo di fare, e delle piccole cose che rendevano ogni giorno insieme speciale. Il paesaggio si srotolava davanti a noi come una tela dipinta, e il tempo sembrava fermarsi per qualche ora, lasciando spazio solo a noi due.

"Non vedo l'ora di vedere quei pinguini" disse lui, rompendo il silenzio con un sorriso. "Sarà come essere in un documentario della BBC, ma dal vivo."

Annuii, con gli occhi che brillavano di entusiasmo. "Sai, è una di quelle cose che non ci si stanca mai di vedere. È come un rito che si ripete ogni sera, ma è sempre diverso. Ogni volta è magico."

Arrivammo sull'isola verso il tramonto, e ci fermammo per un breve spuntino prima di dirigerci verso il punto d'osservazione. L'isola era avvolta da una pace quasi irreale. L'odore dell'oceano si mescolava con quello della terra, creando un profumo unico, e il suono delle onde che si infrangevano dolcemente contro la riva era un sottofondo perfetto.

Arrivati al punto d'osservazione, trovammo un posto in prima fila, con la sabbia fresca sotto di noi e il cielo che ormai si era tinto di blu scuro. Il vento dell'oceano era leggero, ma portava con sé un brivido, anticipando la notte. Le luci basse lungo la passerella creavano un'atmosfera intima, mentre ci preparavamo ad assistere allo spettacolo naturale che stava per cominciare.

"Guarda là" disse il mio lui, indicando l'orizzonte. In lontananza, proprio dove il mare si incontrava con il cielo, si cominciavano a vedere piccole figure che si muovevano. Era come se le ombre prendessero vita, e lentamente, una dopo l'altra, decine di pinguini iniziarono a emergere dall'acqua. La prima ondata di piccoli esseri con la loro buffa andatura vacillante appariva sul bagnasciuga, scuotendo le piume bagnate mentre si preparavano a risalire la spiaggia.

Il gruppo di pinguini si muoveva con una sincronizzazione perfetta, come se ogni passo fosse parte di una coreografia naturale. L'acqua scintillava sotto la luce della luna, e per un istante, tutto sembrava fermarsi. Solo il suono delle onde e il fruscio delle piume dei pinguini rompevano il silenzio. Guardavamo con stupore mentre i piccoli animali si avvicinavano, le loro sagome scure si stagliavano contro il bianco della sabbia, e ogni tanto si fermavano, come se volessero assicurarsi che tutto fosse tranquillo prima di proseguire.

"È incredibile" sussurrò lui, tenendomi per mano. "È come vedere un altro mondo, uno dove tutto è più semplice, più puro."

Io annuii, senza riuscire a distogliere lo sguardo da quella scena. I pinguini continuavano a camminare, formando piccoli gruppi, diretti

QUANT'E' FACILE DIMENTICARE

alle loro tane nascoste tra le dune. Era uno spettacolo così naturale, così perfetto nella sua semplicità, che sembrava impossibile che avvenisse ogni sera, come una magia ripetuta quotidianamente.

Dopo aver osservato per un'ora la sfilata, ci alzammo lentamente, ancora rapiti da ciò che avevamo visto. Non avevamo parlato molto durante lo spettacolo, ma c'era stata una connessione profonda tra di noi, come se condividessimo un segreto intimo con la natura.

Mentre tornavamo alla macchina, l'aria notturna era diventata più fresca, e il silenzio era rotto solo dal canto sommesso degli uccelli marini in lontananza. Il viaggio di ritorno fu più silenzioso rispetto all'andata. Entrambi eravamo immersi nei nostri pensieri, riflettendo sulla serata.

"È stata una delle serate più belle" dissi infine, guardandolo di sfuggita. Lui sorrise, senza dire nulla, ma strinse la mia mano, facendomi capire che provava lo stesso.

La strada verso casa sembrava più lunga, ma non mi importava. Ero felice. La notte era limpida, e il cielo era tappezzato di stelle, come se ci stesse accompagnando verso casa. Sentivo una pace interiore che non provavo da tempo, come se quell'esperienza mi avesse ricordato quanto può essere semplice trovare la felicità nelle piccole cose, nella natura, e nella compagnia di chi amiamo.

Quella sera, il cielo era limpido e la temperatura era perfetta per un'uscita serale. La vista del mare e la promessa di vedere i pinguini erano il preludio di una serata che speravamo fosse magica. Tuttavia, un'ombra di preoccupazione cominciò a insinuarsi nella mia mente. Le tensioni irrisolte e le ombre del passato sembravano risvegliarsi, come se stessero tessendo una rete invisibile intorno a noi.

La giornata era stata perfetta. Io e il mio lui avevamo passato ore serene, spensierati, lontani dai problemi quotidiani. Le risate che avevamo condiviso erano come una brezza leggera che aveva spazzato via ogni preoccupazione. Rientrammo a casa verso l'una proprio come avevo detto alla mamma prima di partire quella mattina., stanchi ma felici. Mia madre e mio padre dormivano già. Il silenzio della casa sembrava avvolgerci come una coperta di tranquillità. Diedi un bacio al mio lui sulla guancia, un gesto tenero e familiare. Lui mi sorrise, poi si ritirò nella sua stanza. Io feci lo stesso: entrai nella mia camera, mi spogliai lentamente, ancora con il sorriso sulle labbra, e infilai il pigiama morbido che mi dava sempre una sensazione di sicurezza. Andai in bagno, mi lavai i denti e poi tornai nel calore del mio letto. Spensi la luce e mi lasciai cullare dai pensieri. Pensai a quanto fosse stata meravigliosa la giornata, a come mi sentivo fortunata ad avere qualcuno come lui accanto a me.

Ma quella sensazione di pace durò solo pochi minuti.

Non passarono più di cinque minuti quando sentii le coperte sollevarsi improvvisamente. Il mio corpo si paralizzò in un istante. Ero ancora mezzo addormentata, confusa. Poi una mano pesante mi colpì con violenza sulla faccia, e il dolore mi svegliò del tutto. Una sberla tremenda, così forte che mi spaccò le labbra. Non riuscivo neanche a capire cosa stesse succedendo. Il dolore era acuto, ma ciò che mi spaventava di più era l'oscurità e l'ignoto. Chi mi aveva colpita?

Riuscii a malapena a trovare il coraggio di accendere la luce sul comodino. Tremavo mentre allungavo la mano verso l'interruttore. Quando la stanza si illuminò, il mio cuore si fermò per un istante. Davanti a me, con uno sguardo pieno di odio e rabbia indemoniata, c'era mio zio, il fratello di mio padre.

Non riuscivo a capire. Cosa ci faceva lì? Nella mia camera, all'una di notte? Aveva passato ore nascosto nel mio armadio, come un predatore in attesa della sua preda. Era un uomo adulto, il padre di quattro figli, sposato, con una vita apparentemente normale. Eppure, in quel momento, era solo uno sconosciuto, un mostro.

Sentii la gola chiudersi. "Perché?" fu l'unica cosa che riuscii a balbettare. Ma lui non mi rispose.

Invece di spiegarsi, di dare una ragione, iniziò a insultarmi, a colpirmi con parole che ferivano più delle mani. "Troia", ripeteva, quella parola orribile che sembrava riecheggiare nella stanza. "Ti dovresti vergognare di portare il mio stesso cognome." Le sue parole erano cariche di odio, come se io fossi la causa di tutto ciò che di sbagliato c'era nella sua vita.

Sentivo il sangue scendere dal mio labbro spaccato. Il sapore metallico invase la mia bocca. Ero completamente impotente, paralizzata dal terrore.

"Guarda come hai ridotto i tuoi genitori," continuava a gridare, mentre io lo fissavo, incredula. "Non hanno più energia, non hanno più polso per gestirti. Tu, che vivi sotto lo stesso tetto di un ragazzo. Sei solo una troia."

Quelle parole mi ferivano nel profondo. Il mio cuore batteva all'impazzata. Mi girai, cercando di capire se i miei genitori fossero intervenuti. Avevo urlato con tutte le mie forze per chiamarli, per chiedere aiuto. E in effetti erano lì, sulla soglia della porta. Ma non facevano nulla. Stavano lì, immobili, quasi ipnotizzati. Mi guardavano, ma senza espressione. Non c'era rabbia, né paura, né amore nei loro occhi. Solo vuoto.

Non riuscivo a credere a quello che stava succedendo. Mi trovavo in una situazione surreale: lo zio che urlava, mio padre e mia madre che non aprivano bocca. Perché non dicevano nulla? Perché non mi difendevano? I loro occhi puntati a terra, come se la vergogna li avesse resi muti.

Ogni volta che provavo a parlare, mi sembrava di affondare sempre di più nel baratro. "Mamma, papà, per favore..." sussurrai, ma loro non reagirono. Non riuscivano a guardarmi negli occhi. Era come se tutto ciò fosse colpa mia, come se io fossi la causa di quel male. Eppure, non capivo cosa avessi fatto di così sbagliato.

"Smettila!" urlai con tutte le forze che mi erano rimaste. "Non puoi farmi questo!" Ma lui non si fermava. Ogni parola, ogni insulto, ogni gesto sembrava voler distruggere la mia dignità. E io ero lì, sola, senza nessuno a difendermi.

La rabbia e la paura si mescolavano dentro di me, ma più di tutto, sentivo una profonda tristezza. Non riuscivo a capire come fosse possibile che proprio lui, lo zio che avevo sempre considerato una figura di rispetto, fosse capace di tanta violenza e odio. E non riuscivo a capire come i miei genitori potessero restare in silenzio, senza fare nulla per fermarlo.

In quel momento, ogni certezza che avevo sulla mia famiglia sembrava sgretolarsi. I miei genitori, che avrebbero dovuto proteggermi, erano lì, ma assenti. Ero sola, intrappolata in una stanza con il mio carnefice, e non c'era nessuno che mi tendesse una mano.

La mia mente correva veloce. Dovevo fare qualcosa. Non potevo restare lì, in balia della sua furia. Cercai di alzarmi, ma il corpo mi tremava troppo. Lo zio continuava a insultarmi, ma a quel punto le sue parole non mi toccavano più. Erano solo un'eco lontana. Dovevo trovare una via d'uscita, una soluzione. Ma l'orrore di quella notte rimase dentro di me, come una cicatrice che non si sarebbe mai rimarginata.

Le sue accuse erano insensate, ma la sua intenzione era chiara: distruggere tutto ciò che avevo costruito e terrorizzarmi con minacce di deportazione e incarcerazione. La sua visione distorta del mondo sembrava avere il potere di scardinare ogni senso di sicurezza. Il fatto che mio padre non intervenisse per difendermi, e che invece si limitasse a guardare con occhi vuoti, era una conferma terribile della disfunzione della nostra famiglia.

Il sole non era ancora sorto quando aprii gli occhi, ma il peso della notte precedente gravava ancora su di me come un macigno insostenibile.

Sentivo il mio corpo rigido, ogni muscolo contratto per la tensione e la paura. L'eco delle parole di mio zio, le sue mani, i suoi insulti, tutto continuava a riecheggiare nella mia mente, amplificando il senso di vuoto che provavo dentro.

Mi sentivo intrappolata in una realtà da incubo, come se quella notte avesse smembrato ogni certezza. Il dolore fisico delle botte ricevute si mescolava al dolore più profondo, quello invisibile, ma che bruciava come un fuoco. E poi c'era quel silenzio. Il silenzio dei miei genitori, che non avevano detto una sola parola in mia difesa.

Rimasi nel letto, immobile, come se potessi scomparire sotto quelle coperte pesanti. Sentii il rumore delle stoviglie provenire dalla cucina. Mia madre, come ogni mattina, preparava la colazione. Il suono del caffè che gorgogliava nella caffettiera era un rumore familiare, quasi confortante, ma quella mattina aveva un effetto opposto. Mi dava fastidio. Non c'era nulla di normale in quel giorno.

Non avevo intenzione di scendere, non dopo tutto quello che era successo. Volevo solo scomparire. Eppure, non potevo evitare di ascoltare. E ciò che udii dalle scale mi trafisse come mille coltelli.

Sentivo mio padre parlare con il mio lui. La loro voce era ovattata, ma abbastanza chiara da comprendere ogni singola parola. La voce di mio padre era calma, quasi fredda, come se stesse parlando di qualcosa di ordinario, e non della sua stessa figlia. Parlava di me, di quella che ero, o meglio, di quella che lui credeva fossi. Ogni parola che usciva dalla sua bocca mi colpiva come un pugno allo stomaco.

"Non ti fidare di lei," disse con un tono che sembrava privo di emozioni. "È una strega. Non vedi cosa sta facendo? Ti sta manipolando, ti sta usando. È un pericolo per te e per tutti noi."

Quelle parole mi lasciarono senza fiato. Non riuscivo a credere a ciò che stavo sentendo. Mio padre, l'uomo che avrebbe dovuto proteggermi, stava dicendo al mio lui che io ero una minaccia, una manipolatrice. Stava cercando di allontanarlo da me, di distruggere l'unica relazione che avevo, l'unica persona che mi faceva sentire viva, amata, nonostante tutto il caos che mi circondava.

Il mio cuore si spezzava mentre mio padre continuava a parlare. "Devi stare attento. Lei non è quello che sembra. È una rovina, una maledizione per questa famiglia." Il tono con cui pronunciava quelle parole era così pieno di disprezzo, così carico di veleno, che per un momento mi chiesi se stesse davvero parlando di me o di qualcun altro. Ma il dolore peggiore venne subito dopo. Il silenzio di lui. Non una parola di difesa, non un accenno di protesta. Nessun tentativo di smentire quelle accuse assurde. Il mio lui, seduto accanto a mio padre, non disse nulla. Restò in silenzio.

Quel silenzio mi spezzò più di qualsiasi altra cosa. La sua mancanza di reazione, di difesa, fu il colpo di grazia. Come poteva rimanere zitto mentre mio padre mi dipingeva come un mostro? Come poteva permettere che venissi calunniata in quel modo, dopo tutto ciò che avevamo passato insieme? Eppure, lì seduto, non fece nulla. Non mi difese. Il silenzio di chi avrei voluto al mio fianco mi fece sentire come se fossi già stata condannata. Ma capivo pure che anche lui fosse vittima, in una famiglia forse opposto del suo.

Non avrebbe mai avuto il coraggio di opporsi a mio padre, di difendere me contro tutto e tutti. Era intrappolato nelle sue paure.

Ma forse, in fondo, c'era una parte di me che riusciva a comprendere quei silenzi del mio lui. Un silenzio che, a prima vista, mi sembrava una condanna, un tradimento. Ma forse c'era qualcosa di più profondo, qualcosa che anch'io stentavo a capire. Forse il suo silenzio non era solo codardia o mancanza di volontà di difendermi, ma piuttosto uno stato di shock. Forse anche lui, immerso in quel mondo che fino a poco tempo prima credeva sicuro e stabile, si era trovato improvvisamente travolto da una realtà che non riusciva a processare.

QUANT'E' FACILE DIMENTICARE 35

Cercai di immaginare cosa dovesse essere passato per la sua mente in quei momenti. Lui, che aveva sempre visto la mia famiglia attraverso una lente di fiducia, che aveva sempre avuto un rispetto profondo per i miei genitori, ora si trovava di fronte a una verità scomoda e oscura. Forse era stato ferito quanto me da ciò che aveva visto e sentito. Forse, vedendo il lato più oscuro di chi aveva considerato una seconda famiglia, era rimasto paralizzato dal dolore. Il crollo improvviso di quelle certezze che aveva costruito attorno alla mia famiglia lo aveva probabilmente lasciato senza parole, incapace di reagire.

Mentre ero lì, nel buio della mia stanza, con la luce fioca che filtrava dalle tende, iniziai a riflettere su come lui avesse potuto percepire la notte precedente. Forse, in quel preciso momento, tutto era cambiato anche per lui. Il rispetto per mio padre, l'affetto che nutriva per la mia famiglia, si erano frantumati in un solo istante. Forse, seduto lì a colazione, ascoltando quelle parole di disprezzo rivolte a me da colui che avrebbe dovuto amarmi e proteggermi, era stato travolto da una confusione immensa, un miscuglio di emozioni che non riusciva a decifrare.

Immaginai il peso che doveva sentire sulle spalle. Si trovava intrappolato tra il legame che aveva con me e l'autorità che, fin da subito, aveva riconosciuto in mio padre. Lo vedevo dentro di me, seduto a quel tavolo, con le mani che stringevano nervosamente la tazza di caffè, senza riuscire a trovare le parole giuste per rispondere. Forse la sua mente era annebbiata, forse era anche lui spaventato. Di fronte a quella realtà nuova e sconvolgente, l'unica cosa che voleva fare era fuggire. Fuggire da quel mondo che gli sembrava improvvisamente ostile, fuggire da una situazione che non era in grado di affrontare.

E in quel momento, mi resi conto che anche lui era vulnerabile. Il mio lui, che fino a poco tempo prima avevo considerato il mio porto sicuro, la mia roccia, era in realtà una persona che, proprio come me, era stata colpita e travolta da una tempesta inaspettata. Forse non sapeva come agire, forse il suo silenzio era la sua difesa contro un dolore troppo grande per essere espresso.

Il pensiero di questo mi fece provare una sensazione mista di comprensione e amarezza. Comprensione perché, in fondo, anche lui era stato ferito. Anche lui, in un certo senso, aveva perso una parte di sé quella notte. Ma al tempo stesso, l'amarezza cresceva perché, nonostante tutto, avrebbe potuto almeno tentare. Tentare di dire qualcosa, di fare un gesto, di mostrarmi che c'era ancora un briciolo di speranza tra noi. Invece, aveva scelto il silenzio, aveva scelto di non agire.

Forse, nella sua mente, l'unica soluzione possibile era quella di allontanarsi da tutto, di fuggire il più lontano possibile da quella casa, da quella famiglia, da quel caos. Ed era questo che mi faceva male più di tutto. Sapere che, nel momento in cui io avevo più bisogno di lui, il mio lui non vedeva altra via d'uscita che la fuga. Probabilmente, il suo desiderio di proteggersi lo spingeva a voler tagliare tutti i ponti, a salvare sé stesso prima di affondare del tutto in quel mare di conflitti e tensioni familiari.

In fondo, capivo. Ma quella consapevolezza non rendeva il dolore meno acuto.

Sentii il mondo crollarmi addosso.

Mi alzai dal letto, ma non avevo la forza di affrontare la realtà. Le gambe mi tremavano mentre mi trascinavo fino alla finestra. Guardai fuori, ma il panorama che avevo sempre trovato rassicurante ora mi appariva distorto, freddo, come se tutto ciò che conoscevo fosse cambiato per sempre. Il giardino, gli alberi, persino la luce del mattino sembravano appartenere a un mondo diverso, lontano.

Il mio corpo era ancora dolorante dalla notte precedente, e sentivo il labbro spaccato pulsare leggermente. Ma il dolore fisico era nulla in confronto al vuoto che provavo dentro. Non sapevo più chi fossi, non sapevo più di chi potessi fidarmi. Il senso di abbandono che mi pervadeva era insopportabile.

QUANT'E' FACILE DIMENTICARE 37

Sentii la rabbia montare dentro di me, mescolata alla disperazione. Mi sentivo come un animale ferito, senza via di fuga. Ogni angolo della mia vita sembrava essersi riempito di ombre, e non sapevo come uscire da quella trappola che mi aveva intrappolata.

Mentre le voci dalla cucina continuavano, mi resi conto che non potevo più restare in quella casa. Non potevo continuare a vivere sotto lo stesso tetto di persone che non solo non mi capivano, ma che mi disprezzavano apertamente. Dovevo andarmene. Dovevo trovare un modo per fuggire, per salvarmi da quella prigione emotiva.

Ma dove sarei andata? Non avevo risposte. Non avevo nessuno a cui rivolgermi. Persino il mio lui, che fino a poco tempo prima era il mio rifugio, ora sembrava lontano anni luce da me.

Mi resi conto che ero completamente sola. La solitudine, quella vera, quella che ti divora dall'interno, era ormai diventata la mia unica compagna.

Il dolore di scoprire che la mia famiglia era disposta a distruggere i miei sogni e la mia felicità era immenso. Non volevo che il mio lui, l'uomo che amavo, fosse costretto a vivere in questo clima di odio e disprezzo. La sua partenza sembrava l'unico modo per salvarlo dalla contaminazione di questa casa maledetta. Prenotai immediatamente un volo per Venezia, sentendo il cuore spezzarsi per ogni decisione che prendevo.

La sera della partenza fu un addio carico di lacrime e di promesse non mantenute. Vedere il mio lui salire sull'aereo, con gli occhi colmi di dolore, mentre la nostra storia d'amore era minacciata dalla crudeltà e dall'incomprensione di mia famiglia, era devastante. Tuttavia, sapevo che restare in quella casa era impensabile.

Per distrarmi dal dolore e dalla disperazione, mi immersi nel lavoro con una dedizione assoluta. Iniziai a lavorare in un ristorante aperto 24 ore su 24, accettando turni massacranti che mi permettevano di restare lontana da casa. Ogni giorno, i miei colleghi si dimostrarono una fonte di conforto e di supporto, offrendomi le loro chiavi di casa per farmi lavare e riposare un po' tra un turno e l'altro. La mia determinazione e il mio impegno iniziarono a dare frutti, e la mia carriera nel ristorante prosperava, fino a quando non mi venne offerta la posizione di direttrice.

La prospettiva di un futuro più luminoso, lontano dall'oscurità della mia famiglia, era un faro di speranza. Tuttavia, nonostante il successo crescente, il desiderio di essere con il mio lui era più forte di qualsiasi altra ambizione. La separazione forzata e la distanza erano diventate troppo dure da sopportare.Dopo un'attenta riflessione, decisi di mettere da parte la mia carriera e di tornare in Friul

Era una sera di ottobre quando decisi di prendere coraggio e comunicare ai miei genitori una decisione che mi aveva tormentato per settimane. Mi sentivo soffocare in quella casa, intrappolata tra il peso di un padre autoritario e la mancanza del mio lui, che mi mancava ogni giorno di più. Così, con il cuore in gola, dissi a mamma e papà che non potevo più restare lì. Avevo deciso di tornare in Friuli, dove pensavo che, forse, avrei potuto ritrovare me stessa.

Ricordo ancora il silenzio pesante che cadde nella stanza dopo aver parlato. Mia madre non disse nulla. Rimase in silenzio, con gli occhi pieni di lacrime che sapevo le stessero traforando il cuore. Il suo dolore era palpabile e in quel momento mi sentii come se stessi tradendo la persona che più amavo al mondo. Ma sapevo che dovevo farlo. Dovevo andarmene, anche se significava allontanarmi da lei.

Papà, invece, reagì con la solita rabbia che ormai conoscevo fin troppo bene. "Se esci da quella porta, per me sei morta", disse con una voce fredda come il ghiaccio. Mi guardò fisso negli occhi, e poi aggiunse: "Io ho solo una figlia, e quella è tua sorella. Se osi chiamare per chiedere di tua madre, non risponderemo. Non voglio più sentir parlare di te." Era assurdo, crudele. Lui sapeva benissimo che mamma era tutto per me, che non avrei mai fatto nulla per ferirla. Eppure, con quelle parole, cercava di spezzare il legame più profondo che avevo.

Ogni frase che pronunciavo mi allontanava sempre di più da lui e da quella casa.

Provai a spiegargli che non era una decisione definitiva. Gli dissi che volevo andarmene per qualche mese, per capire se era davvero quello che desideravo. "Se sarà stato uno sbaglio," promisi, "tornerò indietro e ammetterò di aver sbagliato." Ma le mie parole sembravano scivolare via come gocce d'acqua sulla pietra. Il suo sguardo rimase freddo e implacabile.

Mi sentivo maggiorenne, adulta, e sapevo che dovevo seguire il mio sogno. Eppure, quel sogno mi stava allontanando dalla mia famiglia, e la consapevolezza di questo mi tormentava. Sentivo un senso di soffocamento, un bisogno disperato di evadere. Dovevo andarmene, dovevo partire il prima possibile. Quella era la mia vita, e nessuno poteva più impedirmi di viverla.

Così, l'indomani, prenotai un volo per Venezia. Quella mattina andai al lavoro per salutare i miei colleghi e fare colazione con loro. Mi sentivo malinconica, ma allo stesso tempo decisa. Il mio capo mi sorprese con una splendida referenza. Le sue parole erano così intense e piene di gratitudine. Mi disse che, ovunque andassi nel mondo, sperava un giorno di poter lavorare ancora con me, con quella "piccola grande donna", come mi chiamava. Quelle parole mi riempirono il cuore di orgoglio. Sapevo che avrei lasciato un pezzo di me lì, con loro, ma era arrivato il momento di pensare a me stessa.

La partenza era prevista per il primo pomeriggio. Pranzai con mia madre e mia sorella, ma papà non c'era. Era al lavoro, e mamma mi disse che mi avrebbe raggiunta all'aeroporto per salutarmi. Non credevo fosse vero, ma una parte di me sperava che all'ultimo minuto lui sarebbe arrivato, che mi avrebbe abbracciato e detto che mi amava, che mi perdonava. Ma non arrivò mai. Per lui, io non esistevo più.

All'aeroporto, l'abbraccio con mamma fu struggente. Le sue braccia erano il rifugio che mi era sempre mancato, e in quel momento, mi sentivo spezzata. Le chiesi perdono per tutto il dolore che le stavo causando, ma le spiegai che dovevo farlo, che dovevo ritrovarmi. Lei era il mio tutto, e sapevo che le stavo facendo male, ma sentivo di non avere scelta. Le nostre lacrime erano piene di parole d'amore, di comprensione, di perdono.

Mia sorella, con la sua solita schiettezza, mi disse che non sarei mai più tornata a Melbourne. Le risposi che mi davo due mesi di tempo. Se in quei due mesi non fossi riuscita a trovare lavoro e un appartamento, sarei tornata. Ma dentro di me sapevo che la mia determinazione era più forte di qualsiasi ostacolo. Sentivo che quella era la mia strada, e nulla mi avrebbe fermata.

Arrivai a Venezia con il cuore in subbuglio, ma lì c'era lui, il mio lui, ad aspettarmi tra le lacrime. Anche lui sapeva che quello era un punto di non ritorno. Eppure, mentre lo abbracciavo, sentivo che, nonostante tutto, quella era la scelta giusta. Ero li.

Il ritorno in Friuli rappresentava una nuova rinascita per noi. Nonostante le difficoltà e le sfide, il nostro amore aveva resistito a ogni prova. L'idea di costruire una vita insieme, lontana dalle tenebre e dalle incomprensioni del passato, era un sogno che ci dava forza e motivazione. E così, mentre mi preparavo a iniziare una nuova vita con il mio lui, sapevo che il cammino non sarebbe stato facile, ma la nostra determinazione e l'amore che ci univa erano la nostra guida in questo viaggio verso una nuova speranza.Io e il mio lui eravamo determinati a costruire una nuova vita insieme, ma sapevamo che il primo passo era trovare lavoro. Prima, però, c'era una questione fondamentale da risolvere: dovevo ottenere la mia cittadinanza italiana. Mi sembrava un compito arduo, ma grazie all'aiuto di un zio , un uomo gentile e sempre pronto a offrire una mano, la strada sembrava meno complicata. Zio , fratello di papà, non somigliava minimamente né a lui né allo zio orco. Era, come la zia, un'anima buona, diversa da quella famiglia rigida e piena di risentimenti.

Insieme, io e lui, con lo zio al nostro fianco, corremmo da un ufficio all'altro, visitammo ogni angolo del Friuli alla ricerca di risposte. Ogni volta sembrava che fossimo vicini alla soluzione, solo per scoprire un nuovo ostacolo burocratico. Ma non ci demoralizzammo. Alla fine, una notizia inaspettata ci sorprese: scoprii che ero già italiana dalla nascita, grazie ai miei genitori. Una rivelazione che cambiò tutto. Non c'era bisogno di ulteriori documenti, nessuna battaglia da combattere. Ero già cittadina italoaustraliana, senza nemmeno saperlo.

Con quella buona notizia, sentii che le cose stavano finalmente cominciando a sistemarsi. Il peso che mi portavo addosso sembrava più leggero, e la strada davanti a noi appariva meno incerta. Il 30 dicembre trovai lavoro come parrucchiera in un piccolo salone della zona. Non era quello che avevo immaginato per me stessa, ma era un inizio. Cominciai subito, lavorando lunghe ore, cercando di adattarmi al nuovo ambiente e di fare del mio meglio.

Non passò molto tempo prima che riuscissi a trovare anche un appartamento. Era in un paese vicino a quello dove vivevo con la zia, un luogo piccolo e tranquillo, lontano dalle caotiche città a cui ero abituata. Avevo sempre saputo che, quando mi mettevo in testa di ottenere qualcosa, niente e nessuno poteva fermarmi. E anche questa volta non fu diverso. Lavorai duramente, affrontai ogni sfida, e alla fine, tutto cominciò a prendere forma. Avevo il lavoro, avevo un tetto sopra la testa, e avevo lui al mio fianco.

Ma dietro quella parvenza di serenità, c'erano ancora tante lacrime versate di nascosto. Ero lontana dalla mia famiglia, dalla mia casa, e soprattutto dalla vita che conoscevo. Venivo da una grande città, con una carriera che amavo, e mi ero ritrovata in un piccolo paese dove la vita sembrava scorrere più lentamente, quasi immobile. La gente mi osservava, parlava di me. Essere "la nuova arrivata" in un paesino così piccolo non passava inosservato, e i sussurri, i commenti, le occhiate curiose mi facevano sentire fuori posto.

Non ero abituata a vivere in un posto dove tutti si conoscono, dove i pettegolezzi volano da una casa all'altra, e ogni azione sembra essere scrutinata da occhi esterni. Ero abituata a un mondo più grande, a muovermi tra persone che non ti fissano con sguardi inquisitori. Qui, invece, tutto sembrava diverso. Le giornate passavano lente, e ogni piccolo gesto veniva osservato, giudicato. Mi sentivo come un pesce fuor d'acqua, ma cercavo di nascondere il mio disagio, soprattutto davanti al mio lui.

Nonostante tutto, ero determinata a far funzionare questa nuova vita. Ero sempre stata una combattente, e sapevo che, con il tempo, avrei trovato il mio posto anche in quel piccolo paese. Sapevo che la strada sarebbe stata lunga e difficile, ma non avevo altra scelta se non andare avanti, passo dopo passo.

Tre anni dopo, la vita che avevamo costruito insieme io e il mio lui si sentiva finalmente solida, ed eravamo pronti a fare il grande passo: decidere di sposarci. Era una decisione importante, che portava con sé non solo la gioia di un futuro insieme, ma anche il peso del mio passato. Sapevo che, per quanto avessi cercato di staccarmi da tutto il dolore che la mia famiglia mi aveva inflitto, non potevo ignorare il bisogno profondo di riconciliazione, almeno per mia madre. Così, raccolsi tutto il mio coraggio e decisi di fare ciò che forse nessuno avrebbe fatto al mio posto: chiamare mio padre.

Il telefono squillava, e il mio cuore batteva forte nel petto. Quando rispose, la sua voce era fredda, distante, come se il tempo non avesse fatto altro che cementare il muro tra noi. Ero pronta a tutto, ma non a sentire la porta del dialogo chiudersi di nuovo, con la stessa durezza di tre anni prima. "Cosa vuoi?" mi chiese, con tono severo. Non potevo permettermi di vacillare, non ora. Con la voce tremante ma decisa, gli dissi la verità: che io e il mio lui ci saremmo sposati tra sei mesi e che volevo lui, mio padre, a fianco a me, per accompagnarmi in chiesa.

Forse, in quel momento, ero davvero pazza. Chi, al posto mio, avrebbe avuto il coraggio di chiedere una cosa simile a un uomo che aveva chiuso definitivamente con sua figlia per più di tre anni? Ma in fondo, non lo facevo solo per me. Lo facevo per mia madre, la donna che mi aveva amato in silenzio, nonostante tutto. E lo facevo anche per me stessa, perché, nonostante tutto il male che mi aveva fatto, lui era ancora mio padre. La ferita era profonda, ma non si era mai completamente chiusa.

La sua risposta, però, fu un altro colpo al cuore. "Non ti conosco. Io ho una sola figlia. Lei è sposata, e vive a cinque chilometri da qui." Le sue parole mi trafissero come lame. Ancora una volta, ero stata respinta, cancellata, come se non fossi mai esistita. Non aspettò nemmeno una mia risposta. Agganciò il telefono, lasciandomi in un vuoto assordante. Per qualche secondo, rimasi immobile, incapace di reagire, poi scoppiai in un pianto disperato tra le braccia del mio lui. Lui mi strinse forte, cercando di consolarmi, ma in quel momento il dolore era troppo grande, troppo profondo.

Non passò nemmeno un istante che il telefono squillò di nuovo. Risposi senza nemmeno guardare chi fosse, e dall'altro capo c'era la voce dolce e tremante di mia madre. "Scusa per tuo padre," mi disse subito, cercando di trattenere le lacrime. "Non ascoltarlo, ti prego. Non devi soffrire per quello che ha detto." Le sue parole cercavano di rassicurarmi, di calmarmi, ma sapevo quanto doveva essere difficile per lei. "Io farò di tutto per essere al vostro matrimonio," aggiunse con una dolcezza che solo lei poteva avere, "anche con lui."

Quelle parole erano un balsamo per il mio cuore ferito. Mia madre, la donna che non aveva mai smesso di sostenermi, nemmeno quando tutto sembrava perduto, stava cercando ancora una volta di colmare quel vuoto che mio padre continuava a scavare. Era una forza silenziosa, immensamente grande. Il suo amore, così profondo e incondizionato, mi faceva sentire meno sola in quel momento di vulnerabilità. Anche se mio padre mi aveva rigettato, sapevo che non tutto era perduto, perché c'era lei. E lei sarebbe stata al mio fianco, anche se ciò significava sfidare ancora una volta l'orgoglio e la durezza di mio padre.

Quella notte piansi ancora, ma il mio cuore non era più pesante come prima. Le lacrime, questa volta, non erano solo di dolore, ma anche di sollievo. Forse mio padre non sarebbe mai tornato, forse non avrebbe mai accettato di accompagnarmi all'altare. Ma sapevo che non sarei stata sola. Mia madre, con la sua forza silenziosa e il suo amore immenso, avrebbe fatto di tutto per esserci. E in fondo, questo era ciò che contava davvero.

Capitolo 9: Il Giorno del Matrimonio e la Rivelazione

Quindici giorni prima del nostro matrimonio, l'attesa sembrava quasi insopportabile. Tra gli ultimi preparativi, gli inviti, i dettagli da perfezionare, c'era un'ansia crescente che non si placava. Ma il pensiero di rivedere i miei genitori, soprattutto mia madre, era ciò che mi rendeva più nervosa. Non sapevo cosa aspettarmi da quel momento, dopo tre lunghi anni di silenzio e distacco.

E poi, finalmente, il giorno arrivò. Ero in piedi davanti alla finestra della casa che condividevo con il mio lui, con lo sguardo perso verso l'orizzonte. Il sole di metà giornata illuminava il cortile quando vidi la macchina di mio padre parcheggiare. Un nodo allo stomaco mi paralizzò. Mi chiesi come sarebbe stato rivederli, come avrei reagito e, soprattutto, come loro avrebbero reagito a me. In quei lunghi anni, avevo costruito un muro emotivo per proteggermi, ma adesso sentivo quel muro sgretolarsi lentamente.

Quando la portiera dell'auto si aprì, vidi mia madre per prima. Il suo volto era segnato dal tempo, ma non aveva perso quella dolcezza

QUANT'E' FACILE DIMENTICARE 47

che tanto mi mancava. Ci guardammo per un istante, e in quello sguardo capii che non c'era bisogno di parole. Le lacrime riempirono i miei occhi ancora prima che lei si avvicinasse. Mi precipitai verso di lei, e l'abbraccio che seguì fu come il ritrovamento di un pezzo di me che avevo perduto. Era un abbraccio pieno d'amore, di perdono, di complicità. Dopo tre anni di separazione, il silenzio tra di noi si sciolse come neve al sole. Le nostre lacrime, calde e liberatorie, parlavano più di qualsiasi parola potesse essere detta.

Ma mio padre... lui era un'altra storia. Si avvicinò con calma, quasi come se nulla fosse accaduto in tutti quegli anni. Il suo atteggiamento mi lasciò confusa e ferita. Mi guardò con la stessa espressione di sempre, una maschera di indifferenza che cercava di nascondere ogni emozione. Per un attimo pensai che mi avrebbe ignorata, ma poi, con un gesto semplice, mi diede una pacca sulla spalla, come se fossi una vecchia conoscente e non sua figlia, la stessa figlia che aveva rifiutato per anni.

Era incredibile quanto fosse facile, per lui, cancellare tutto il dolore che mi aveva inflitto. Come se quei tre anni di silenzio, di parole crudeli e di distacco, non fossero mai esistiti. Il suo comportamento, così disinvolto e privo di rimorso, mi colpì al cuore. Mi ritrovai a fissarlo, cercando nei suoi occhi un segno di pentimento, di consapevolezza per il male che mi aveva fatto. Ma non trovai nulla. Solo il vuoto.

Eppure, come sempre, per quieto vivere, decisi di acconsentire a quella farsa. Finsi che tutto andasse bene, che quell'indifferenza non mi spezzasse l'anima. Cercai di sorridere, di far finta che anche io avessi dimenticato tutto. Ma dentro, il mio cuore piangeva lacrime silenziose, lacrime che non potevano essere viste da nessuno. Ero stata ferita troppo a lungo, e ora non potevo permettermi di mostrare debolezza. Dovevo essere forte, soprattutto per mia madre. Sapevo quanto le sarebbe costato affrontare mio padre per convincerlo a venire, quanto lei avesse sofferto nel cercare di tenerci uniti, nonostante tutto.

Le ore successive furono un misto di emozioni contrastanti. Da una parte, la gioia di rivedere mia madre, di sentirmi di nuovo avvolta dal suo amore. Dall'altra, il dolore sordo e persistente di avere accanto un padre che mi trattava come se nulla fosse accaduto, come se il male che mi aveva fatto non avesse lasciato cicatrici profonde. Mi ritrovai a camminare su una linea sottile tra il desiderio di urlare il mio dolore e la necessità di mantenere la calma.

Nonostante tutto, cercai di concentrarmi sul futuro, sul fatto che presto sarei diventata la moglie dell'uomo che amavo, e che avrei avuto finalmente una mia famiglia. Ma dentro di me, sapevo che quel vuoto lasciato da mio padre non sarebbe mai stato colmato.

Era ottobre e, con il cambiamento della stagione, le foglie degli alberi in Friuli cominciavano a tingersi di sfumature dorate e rosse. Il giorno del matrimonio si avvicinava, e con esso un misto di eccitazione e apprensione. Ogni dettaglio sembrava essere una sfida, ma era il giorno che avevo tanto sognato e per cui avevo lottato. La preparazione del vestito era diventata una delle prove più dure.

Poiché mia sorella non poteva venire al mio matrimonio, la sua assenza pesava moltissimo su di me. Lei era una parte importante della mia vita, e il fatto che non potesse essere presente in un giorno così speciale mi spezzava il cuore. Suo marito, al tempo, lavorava per quello stesso zio orco che aveva segnato profondamente il nostro passato. Non solo non le lasciarono partire, ma sembrava quasi che non ci fosse alcuno sforzo per permetterle di partecipare. Era come se le barriere fossero state erette per impedirle di essere al mio fianco nel giorno in cui ne avevo più bisogno.

In quel momento, mi venne un'idea. Anche se fisicamente non avrebbe potuto essere presente, avrei voluto avere qualcosa di suo con me, un simbolo della sua vicinanza. Così le chiesi di mandarmi il suo abito da sposa, quello che aveva indossato nel giorno delle sue nozze. Per me, non era solo un vestito: era un simbolo del legame che ci univa, della nostra sorellanza. Indossarlo, anche solo per un momento, sarebbe stato come portare una parte di lei con me all'altare, un modo per sentirla vicina anche a chilometri di distanza.

QUANT'E' FACILE DIMENTICARE

Quando ricevetti il vestito, lo toccai con delicatezza. Ogni piega, ogni cucitura sembrava raccontare una storia: la storia del giorno speciale di mia sorella, di una vita che si evolveva, dei legami indissolubili che avevamo creato crescendo insieme. Anche se non poteva essere lì fisicamente, quel vestito sarebbe stato un segno tangibile della sua presenza nel mio cuore.

Il vestito da sposa, con i suoi 200 bottoncini, era un capolavoro di eleganza, ma per me era un incubo di difficoltà. Era troppo stretto sopra, e mi trovavo in grande difficoltà a sistemarlo. Le lacrime iniziarono a scendere mentre cercavo di allacciare almeno metà dei bottoncini, le mani tremanti di frustrazione.

Mio padre, vedendo la mia lotta e la mia tristezza, tentò di alleviare la pressione. Con un tono insensibile e distaccato, mi disse che dovevo prepararmi perché saremmo andati a cercare un nuovo vestito. Era passato così tanto tempo, e ora lui voleva comprare il mio vestito da sposa? La sua richiesta sembrava un enigma, un cambiamento improvviso che non riuscivo a comprendere. Eppure, come sempre, mia mamma, con la sua dolcezza e il suo sostegno, mi incoraggiava a fare ciò che era meglio per la mia felicità. Per lei, avrei accettato qualsiasi cosa, qualsiasi sacrificio, pur di vedere il mio sorriso.

Finalmente trovai il vestito che mi conquistò subito: un abito da principessa che mi fece sentire come una vera sposa. Le lacrime di emozione e gioia che scivolarono sul mio volto erano un riflesso di quanto questo giorno fosse importante per me. Nonostante le insistenze di mamma e papà di provare altri vestiti, decisi di mantenere la mia scelta. Era il vestito dei miei sogni, e con esso avevo trovato la mia vera identità da sposa.

Il giorno prima del matrimonio, la vita sembrava continuare a testare la mia resilienza. Erano state date istruzioni precise dalla zia: prendere la bicicletta e andare in piazza per comprare due etti di prosciutto, necessario per il pranzo che avremmo avuto con i miei genitori. Usai una vecchia bici che apparteneva alla zia, ma il destino aveva altri piani per me. Mentre sfrecciavo verso la piazza, una grande macchina nera, una Mercedes, entrò nella mia strada. Cercai di frenare, ma i freni erano inutili e caddi rovinosamente a terra.

Il mio cuore batteva forte, il panico e la paura mi avvolgevano. La macchina frenò a pochi centimetri da me, e sentii un urlo lontano, un nome familiare. Alzai lo sguardo e, con grande sorpresa, vidi mia sorella correre verso di me. Era una visione inaspettata e meravigliosa: mia sorella era arrivata direttamente da Melbourne per il mio matrimonio. Il nostro incontro fu un momento di gioia pura, un sollievo in mezzo a tutto il caos e alle difficoltà che avevo affrontato.

Il giorno delIl giorno prima del matrimonio, mi sembrava di vivere in una realtà sospesa, come se l'universo continuasse a mettere alla prova la mia resilienza, quasi a voler verificare se fossi davvero pronta a realizzare il mio sogno. La zia, con il suo solito tono pratico e deciso, mi diede delle semplici istruzioni: prendere la bicicletta e andare in piazza a comprare due etti di prosciutto per il pranzo che avremmo avuto con i miei genitori. Un incarico semplice, quasi banale, ma in quel giorno speciale, ogni cosa sembrava avere un peso maggiore, un significato più profondo.

Presi la vecchia bici della zia, una di quelle biciclette un po' scassate ma robuste, che sembravano appartenere a un'altra epoca, con i suoi suoni metallici e la sella consunta dal tempo. Mentre pedalavo lungo le strade del paese, l'aria fresca del mattino mi sferzava il viso, riportandomi per un momento a una sensazione di normalità in mezzo a tutta l'emozione e il nervosismo. Ero persa nei miei pensieri, immaginando il giorno successivo, visualizzando ogni dettaglio del matrimonio: il mio abito, il mio lui che mi aspettava all'altare, lo sguardo amorevole di mia madre, e anche quello distante ma presente di mio padre.

Ma il destino aveva in serbo un'altra sorpresa per me. Mentre sfrecciavo lungo una via stretta e poco frequentata, una grande macchina nera, una Mercedes, apparve all'improvviso davanti a me. Il tempo sembrava rallentare mentre cercavo disperatamente di frenare. Ma i freni, vecchi e ormai arrugginiti, non rispondevano. Persi il controllo della bici e caddi rovinosamente a terra, scivolando sull'asfalto con le ginocchia e i palmi delle mani che bruciavano dal dolore. Il mio cuore batteva all'impazzata, il panico e la paura mi avvolgevano come una nebbia densa e soffocante.

Sentii il rumore dei pneumatici stridere sull'asfalto mentre la macchina si fermava a pochi centimetri da me. In quel momento, il mondo intero sembrò fermarsi. Il rumore del traffico, i suoni della città, tutto scomparve, lasciandomi solo con il battito accelerato del mio cuore. Poi, improvvisamente, un urlo familiare squarciò il silenzio. Mi chiamavano per nome, una voce che non sentivo da tanto tempo. Alzai lo sguardo, ancora stordita dalla caduta, e con incredulità vidi una figura che non mi sarei mai aspettata di vedere in quel momento.

Era mia sorella, che correva verso di me con il volto pieno di preoccupazione e le braccia tese. Era come una visione irreale, un miracolo in mezzo al caos. Il suo arrivo mi colse completamente di sorpresa. Aveva fatto l'impossibile, superato ogni ostacolo, per essere presente al mio matrimonio. Il marito, che lavorava per quello zio orco, aveva cercato in tutti i modi di impedirle di partire, eppure eccola lì, di fronte a me, come una benedizione inattesa, un segno che in mezzo a tutto il dolore, c'era ancora spazio per l'amore e la famiglia.

Ci abbracciammo forte, le nostre lacrime si mescolarono in un abbraccio che parlava più di mille parole. Tutto il dolore, la tensione, l'angoscia accumulata in quei mesi, svanirono in un istante. Non importava più la caduta, il prosciutto, o le difficoltà che avevo affrontato fino a quel momento. L'importante era che in quel giorno speciale, mia sorella fosse con me. Sentii una profonda pace interiore, come se finalmente un pezzo mancante del mio cuore fosse tornato al suo posto.

Il fatto che lo zio orco avesse portato mia sorella, il cognato e i due bambini piccoli alle mie nozze era strano e inquietante. Avevo sempre sperato che non partecipassero, ma papà aveva insistito che avrebbe pagato per gli invitati della nostra famiglia, quindi dovevo accettare chiunque lui avesse deciso di includere.

Nonostante la situazione complicata e la presenza di chi non avrei voluto vedere, il nostro matrimonio fu il coronamento di un grande amore che era riuscito a prevalere su tutte le avversità. Era una celebrazione della nostra forza e della nostra unione, un sogno che finalmente si realizzava.

E così arrivò finalmente il giorno delle nostre nozze. L'aria era frizzante, carica di aspettative e di quella magia che solo un giorno così speciale può portare con sé. Tutto era pronto, i fiori, l'abito, gli invitati, ma soprattutto noi due. Dopo tutto quello che avevamo vissuto, i momenti difficili, le lotte contro le avversità e i dolori del passato, quel giorno rappresentava molto più di un matrimonio. Era il simbolo della nostra forza, del nostro amore che, nonostante tutto, era riuscito a resistere e a fiorire.

La chiesa era illuminata dalla luce del mattino, e l'interno era un'esplosione di colori: i fiori bianchi e rosa, disposti con cura su ogni panca, sembravano riflettere la purezza e la dolcezza di quel momento. Le campane suonavano e io mi sentivo più emozionata di quanto avessi mai pensato. Il mio cuore batteva forte mentre aspettavo fuori, pronta a fare il mio ingresso.

Il momento più importante della mia vita stava per arrivare, e tutto sembrava sospeso nell'aria. Ero pronta. Avevo sempre sognato di essere accompagnata all'altare da mio padre, e nonostante tutti gli anni di distanza, nonostante le parole dolorose che mi aveva detto in passato, eccolo lì, pronto a tenermi il braccio. Non ero certa di come mi sarei sentita in quel momento, ma quando lui mi porse la mano e disse

"Andiamo, è ora", sentii una calma che non mi aspettavo. Forse era quel gesto, quel piccolo atto di presenza, che significava più di mille parole. Non era un abbraccio caldo e affettuoso, ma era comunque la sua mano che mi guidava verso il mio futuro.

Mia madre, con il suo sorriso dolce e commosso, era seduta nelle prime file. Il suo sguardo era carico di emozioni, e sapevo che per lei quel giorno era tanto importante quanto per me. Aveva sofferto insieme a me, era stata il mio sostegno quando pensavo di non farcela, e ora, vederla lì, felice per me, era un regalo prezioso.

Poi c'era il mio lui, in piedi davanti all'altare, con lo sguardo rivolto verso di me. I suoi occhi brillavano, e per un momento tutto intorno a noi svanì. Eravamo solo io e lui, legati da un amore profondo, che aveva resistito a ogni prova. Ogni passo che facevo verso di lui era un passo verso la nostra nuova vita insieme. Quando finalmente arrivai accanto a lui, sentii il suo respiro profondo e sicuro. Mi prese la mano, e in quell'istante, tutto sembrava perfetto.

La cerimonia fu semplice, ma piena di significato. Ogni parola pronunciata dal sacerdote risuonava come una promessa solenne, non solo tra di noi, ma verso noi stessi e il nostro futuro insieme. I voti furono detti con voce tremante ma ferma, e mentre ci scambiavamo gli anelli, capii che stavamo sigillando un legame indissolubile. Non importava cosa ci riservava il futuro, eravamo pronti ad affrontarlo insieme, mano nella mano.

Le lacrime scesero lungo il mio viso mentre pronunciavo il mio "Sì", un sì che rappresentava molto più di una semplice accettazione di matrimonio. Era un sì alla vita, alla speranza, alla fiducia che avevo nel nostro amore. Era il sì che diceva: "Sono pronta a camminare con te, qualunque cosa accada."

Quando uscimmo dalla chiesa, accolti da una pioggia di riso e petali di fiori, la felicità esplose in noi come un fuoco d'artificio. Le risate, i sorrisi e gli abbracci degli amici e dei parenti erano come un caldo abbraccio collettivo, un augurio di felicità eterna. Sentii mia sorella che mi stringeva forte, mia madre che mi baciava la fronte, e persino mio padre, in quel momento, sembrava sereno.

In quel giorno speciale, mentre iniziavamo la nostra vita insieme come marito e moglie, sapevo che non sarebbe stata una strada sempre facile. Ma ero sicura di una cosa: insieme, avremmo superato ogni ostacolo, proprio come avevamo fatto fino a quel momento. Le nostre nozze segnavano l'inizio di un nuovo capitolo, uno in cui, finalmente, il passato poteva rimanere alle spalle, e il futuro era tutto da scrivere.

Capitolo 10: Ritorni e Rivincite

Nel 1990, la nostra vita cambiò in modo straordinario con l'arrivo del nostro primo tesoro, un meraviglioso bambino maschio. Quel giorno rimarrà per sempre impresso nei nostri cuori come uno dei momenti più felici e significativi della nostra vita.

Ricordo vividamente l'emozione che provai quando il medico annunciò che eravamo in attesa di un maschietto. Il pensiero di avere un piccolo uomo nella nostra famiglia ci riempiva di gioia e anticipazione. Ogni preparativo per il suo arrivo fu carico di entusiasmo e amore: dai vestitini delicati che avevamo scelto con cura, ai piccoli giocattoli e accessori che avrebbero accolto il nostro bambino.

Quando finalmente il giorno del parto arrivò, la sala d'attesa era carica di nervosismo e speranza. Ogni attimo sembrava un'eternità mentre aspettavamo di ricevere notizie. E poi, quando il medico finalmente entrò con quel piccolo fagottino nelle braccia, il nostro mondo si illuminò. Vedere il nostro bambino per la prima volta, con i suoi occhi ancora chiusi e il piccolo viso tutto rosso, fu un momento di pura felicità. La sua presenza sembrava rendere tutto più luminoso e significativo.

Il piccolo arrivò con una vasta gamma di emozioni. Il suo primo pianto fu come una sinfonia di gioia che riempì la stanza e i nostri cuori. Ogni giorno da allora fu un'avventura, un viaggio di scoperta e amore in cui ogni sorriso, ogni risata e ogni piccolo progresso erano celebrate con entusiasmo. La nostra casa si riempì di nuove esperienze e meraviglie, e il nostro bambino era al centro di tutto.

Essere genitori ci cambiò in modi inimmaginabili. Ogni giorno, ci rendevamo conto di quanto fosse speciale e unico il nostro figlio. Le sue prime parole, i suoi primi passi e ogni piccolo traguardo erano festeggiati con una gioia indescrivibile. Crescere insieme a lui, assistere ai suoi sviluppi e guidarlo nel suo cammino ci dava una felicità che non avevamo mai conosciuto prima.

Il nostro amore per lui era immenso e ogni sacrificio sembrava insignificante rispetto alla gioia che ci dava. Eravamo determinati a offrirgli una vita piena di amore e opportunità, e ci impegnammo a essere i genitori migliori che potessimo essere. Guardarlo crescere e svilupparsi in un bambino meraviglioso fu il dono più grande che potessimo ricevere.

Il nostro figlio divenne rapidamente il centro del nostro universo, e ogni giorno con lui era una celebrazione della vita e dell'amore che avevamo costruito. Il suo arrivo non solo arricchì la nostra famiglia, ma rafforzò anche il legame che avevamo l'uno con l'altro. In lui vedevamo un futuro luminoso e pieno di possibilità, e il nostro cuore era colmo di gratitudine per ogni momento condiviso con il nostro piccolo tesoro.

18 mesi dopo

Decidemmo di far conoscere nostro figlio ai nonni, zii e cugini in Australia. Era un viaggio che avevamo pianificato con grande

cura, un'opportunità non solo per presentare il nostro bambino alla famiglia, ma anche per ricollegarci con le radici e con la terra che, nonostante tutto, continuava a occupare un posto speciale nei nostri cuori. Prenotammo un volo per Melbourne, programmando di rimanere per due mesi. Il viaggio si rivelò più importante di quanto avessimo immaginato, non solo per noi ma anche per il nostro piccolo.

Strano ma vero, la nostra visita fu accolta con una calorosa festa da tutti. Sembrava che, per un breve periodo, tutto il male passato fosse stato cancellato, o almeno messo da parte. Le tensioni accumulate si dissolsero in abbracci e sorrisi. Nonostante il mio cuore fosse ancora carico di risentimenti e dolori, accettai l'apparente serenità come un'opportunità per vivere in pace, anche se era un'illusione passeggera.

L'ultimo dell'anno, ricevemmo un invito dallo zio orco, un evento che avevamo evitato in passato. Quella sera, mentre il mondo si preparava a festeggiare il nuovo anno, lui, dopo aver bevuto una quantità considerevole di alcol, alzò il bicchiere e dichiarò ad alta voce che ero la "stella che illuminava il Natale per tutti". Le sue parole, per quanto espressive, mi sembrarono false, per non dire ipocrite. Tuttavia, non potevo negare che in quel momento, in mezzo a tutto il caos e la confusione, c'era una sorta di pace. Eravamo tutti insieme, felici e contenti, e per quella notte, accettai il fatto che anche le parole meno sincere potevano avere un loro valore.

Quattro anni dopo, la nostra famiglia si arricchì con la nascita del nostro secondo figlio, un maschietto che portò ulteriore gioia e caos nella nostra vita. Anno dopo anno, noi due e i nostri bambini costruimmo una famiglia bella e unita, nonostante le avversità e l'odio che avevamo incontrato lungo il cammino, specialmente dalla parte della famiglia del mio marito. Inizialmente pensavo che almeno loro ci avrebbero voluto bene, ma presto capii che la realtà era ben diversa.

Ricevere commenti del genere riguardo al motivo per cui spendiamo soldi per visitare l'Australia ogni quattro anni, oppure sentire che se volevo far parte della loro famiglia non avrei dovuto mai nominare l'Australia, era estremamente doloroso. Mi chiedevo se queste persone avessero un cuore, se fossero capaci di comprendere quanto significasse per me mantenere un legame con la mia terra natale. I soldi che spendiamo per queste visite sono frutto del nostro duro lavoro e sacrificio, e rinunciare a parlare dell'Australia, che rappresenta una parte fondamentale della mia identità, sembrava un rifiuto delle mie radici e delle mie affezioni.

Era difficile comprendere se dietro a queste reazioni ci fosse odio, invidia, o semplicemente una mancanza di empatia. Forse non riuscivano a capire quanto fosse importante per me mantenere un legame con il mio passato, con la mia famiglia in Australia, con i ricordi e le esperienze che avevo vissuto lì. Il mio desiderio di visitare l'Australia non era solo una questione di viaggi o di spesa, ma una necessità emotiva e psicologica di connettermi con una parte di me stessa che non volevo dimenticare.

Mio marito, sempre il mio sostegno e il mio faro, mi diceva che l'importante era che noi quattro sotto questo tetto ci volessimo bene e che il resto non contava. La sua convinzione che il nostro amore e la nostra unità familiare fossero sufficienti per affrontare le critiche esterne mi dava conforto, anche se non riusciva a cancellare completamente il dolore causato dalle parole altrui. Concentrandoci sul nostro amore e sulla nostra famiglia, riuscivamo a superare le avversità e a mantenere il nostro equilibrio.

Così, continuavamo a procedere, forti del legame che avevamo costruito e dell'amore che ci univa. Le parole di disapprovazione e critica erano come ombre che passavano, mentre noi restavamo fermi nella nostra determinazione di mantenere intatta la nostra felicità e il nostro legame familiare. La nostra priorità era il nostro amore e il nostro benessere come famiglia, e affrontavamo ogni difficoltà con la consapevolezza che, nonostante tutto, eravamo una squadra unita e forte.

Negli anni successivi, la nostra routine si stabilì con una regolarità confortante: mamma e papà venivano a trovarci ogni quattro anni, mentre noi andavamo a Melbourne a visitarli. Ogni due anni, avevamo il privilegio di vederci felici e sereni, nonostante le difficoltà e la tristezza inevitabili che accompagnavano le nostre separazioni. Era un momento tanto atteso quanto temuto, con il cuore diviso tra la gioia di rivedere i nostri cari e il dolore del distacco imminente.

Ogni volta che ci incontravamo, bastava uno sguardo tra me e mamma per comunicare senza parole. Era come se avessimo un linguaggio segreto, un'intesa profonda che andava oltre le parole. Le nostre anime erano in perfetta sintonia, e il nostro legame era così forte che le separazioni erano un tormento. Ogni volta che dovevamo dirci addio, le nostre lacrime sembravano voler creare un oceano in più, un mare di tristezza che ci separava fisicamente ma mai emotivamente.

I nostri abbracci di addio erano carichi di una dolce malinconia. In quei momenti, chiedevo sempre a mamma di promettere di essere per sempre eterna e di proteggersi da qualsiasi male. Era una richiesta dettata dall'amore e dalla paura, una richiesta che rifletteva il mio desiderio di conservare il nostro legame intatto, anche se la distanza fisica ci separava.

Le nostre lacrime, unite in quei momenti di addio, rappresentavano il profondo affetto e l'incredibile forza del nostro legame familiare. Ogni separazione era una prova di quanto fosse prezioso e insostituibile il nostro rapporto, e ogni incontro era una celebrazione della nostra connessione senza tempo. Nonostante le difficoltà e le sfide, il nostro amore continuava a brillare, forte e immutabile, come un faro che guida il cammino attraverso le tempeste della vita.

Poi, un giorno, la mia vita venne stravolta. Durante una pausa pranzo, ricevetti una chiamata da

mia sorella. La sua voce era tremante, e mi chiese di sedermi. Il cuore mi si strinse. "NO, LA MAMMA, TI PREGO; NO, LA MAMMA," supplicai. La risposta che ricevetti fu una delle più cruente che potessi immaginare: mamma era stata diagnosticata con un tumore alle ovaie. Il mio mondo crollò, e la paura di vivere così lontana dalla mia terra, l'Australia, sembrava amplificare il dolore. Le 24 ore di volo erano una distanza incolmabile quando si trattava di stare accanto a mia madre in un momento così critico.

Mamma iniziò il suo lungo e difficile cammino tra chemioterapia e operazione per rimuovere le ovaie e l'utero. Era una donna di piccola statura ma con una determinazione e una forza incredibili. Ogni volta che riuscivo a prendere un volo per Melbourne, mi sentivo sollevata, ma allo stesso tempo devastata all'idea di dover tornare indietro. Le visite erano brevi ma preziose, e ogni giorno passava accanto a lei, offrendo il mio sostegno e amore in ogni modo possibile.

Nonostante le difficoltà e i trattamenti estenuanti, mamma affrontava tutto con un coraggio che ammiravo profondamente. Le sue parole di conforto e la sua forza erano la mia ancora di salvezza. Passavamo ore a parlare, ridere e piangere insieme, e ogni volta che dovevo partire, mi sentivo strappare via una parte di me, ma sapevo che dovevo essere forte, non solo per lei ma per tutta la mia famiglia in Italia.

La malattia di mamma mise alla prova tutto ciò che avevo costruito e sperato. Nonostante il dolore e la distanza, continuai a lavorare duramente, a mantenere la famiglia unita e a gestire le sfide quotidiane. Ogni notizia sulla sua salute era una ferita aperta, e le preoccupazioni per lei si intrecciavano con le sfide della mia vita quotidiana.

La nostra famiglia rimase forte e unita nonostante tutto. La determinazione e il sostegno di mio marito furono cruciali nel farci affrontare le difficoltà insieme. Ogni passo, ogni sacrificio e ogni lacrima contribuirono a costruire la vita che avevamo. La nostra forza e il nostro amore ci permisero di superare le avversità, anche quando sembrava che il passato tornasse a tormentarmi.

Mamma, dopo sette anni di sofferenza e battaglie, riuscì a vincere contro il tumore che aveva invaso il suo corpo Per amplificare questo racconto e trasformarlo in un romanzo breve di circa quattro pagine, possiamo approfondire le emozioni, i dettagli della lotta contro il tumore e le dinamiche familiari. Potremmo esplorare non solo il punto di vista del narratore, ma anche quelli degli altri membri della famiglia e della stessa mamma.

Inoltre, potremmo concentrarci su momenti specifici della malattia, delle cure e del percorso verso la guarigione.

Mamma era una donna forte e determinata, nonostante la sua delicatezza esteriore. Aveva quel tipo di grazia che poteva ingannare chiunque la vedesse solo come fragile. Si occupava di noi con amore incondizionato, una roccia silenziosa nelle tempeste della vita

Ricordo il giorno in cui ci dissero che era cancro. Le parole dell'oncologa sembravano rimbombare in una stanza vuota, come se tutto intorno a noi si fosse fermato. Mamma, però, non versò nemmeno una lacrima. Ci guardò e disse solo: 'Andiamo avanti, non ho paura.' Ma nei suoi occhi si intravedeva il peso di quello che stava per arrivare.

Ogni volta che la chemio cambiava, la dottoressa sorrideva dicendo: 'Ecco la mia donna miracolo, ce la faremo anche stavolta.' Ma dietro quel sorriso professionale c'era preoccupazione. I farmaci avevano effetti devastanti: giorni interi di nausea, stanchezza estrema e dolori che non sembravano passare mai. Mamma, però, stringeva i denti e diceva sempre: 'Oggi è solo un altro giorno di battaglia.'"

Non era solo mamma a combattere, eravamo tutti lì con lei. Papà cercava di rimanere forte, ma lo trovavo spesso a guardare fuori dalla finestra, perduto nei suoi pensieri. Io e mia sorella facevamo turni per accompagnarla in ospedale, e a casa cercavamo di creare un'atmosfera di normalità, anche se nulla era più normale.

Quando la dottoressa ci disse che il tumore si stava riducendo, sembrava che l'aria stessa si alleggerisse. Mamma sorrideva, ma c'era una stanchezza infinita nei suoi occhi. Era stata una battaglia lunga e dura, ma iniziava a vedere una luce in fondo al tunnel. Da quel momento, ogni controllo era una vittoria, ogni progresso una piccola resurrezione.

Quando il tumore tornò per la seconda volta, il colpo fu durissimo. Pensavamo che la tempesta fosse ormai passata, ma non era così. Mamma, però, affrontò questa nuova battaglia con una calma che non aveva nella prima. Era diventata più forte, più consapevole. Sapeva a cosa andava incontro, e anche se la paura c'era, non le permise mai di avere la meglio. Noi eravamo pronti a combattere di nuovo al suo fianco, più uniti che mai.

Oggi, guardandomi indietro, vedo che ogni passo, ogni lacrima e ogni sacrificio sono stati mattoni con cui abbiamo ricostruito la nostra vita. Mamma ci ha insegnato il valore della resilienza e del coraggio. E ora, più che mai, capisco che ogni attimo di gioia è prezioso, e che, nonostante tutto, la vita è davvero un miracolo.

. Ogni volta che cambiava tipo di chemioterapia, l'oncologa la definiva "LA MIA DONNA MIRACOLO", e la sua storia divenne un caso di studio interessante per la medicina. La nostra famiglia fu testimone della sua straordinaria forza e resilienza, e noi, che avevamo attraversato tutto insieme, eravamo grati per la sua vittoria e il suo coraggio.

Guardando indietro a tutto ciò che avevamo passato, capisco che ogni passo, ogni sacrificio e ogni lacrima hanno contribuito a costruire la vita che viviamo oggi. Anche se le sfide e i dolori sono stati numerosi, ho imparato a valorizzare ogni momento di gioia e a tenere strette le persone che amo. E mentre il dolore e la confusione continuano a farsi sentire, cerco di affrontare la realtà con la stessa forza e determinazione che mi hanno guidato fino a qui.

Capitolo 11.. Il Peso del Passato e il Sapore della Speranza

30 ottobre 2022, Melbourne. Il ritorno a casa con mio figlio minore era stato contrassegnato da momenti di gioia e

celebrazione: matrimoni, battesimi, compleanni e anniversari significativi, come l'85° compleanno di mamma e papà, festeggiati a una settimana di distanza. Questo viaggio rappresentava non solo una riunione con la mia terra natale, ma anche una sorta di ritorno alle radici, alla famiglia e alla mia identità. Era come se il tempo trascorso in Friuli fosse stato annullato, ma la realtà del mio passato non poteva essere cancellata dal mio cuore e dalla mia mente.

Mio marito e il nostro figlio maggiore Stephen purtroppo per il loro lavoro in Friuli, non erano potuti venire con noi, ma avevamo promesso che ci saremmo riuniti tutti a Melbourne per il Natale 2023. Ogni giorno trascorso a Melbourne era una gioia: esploravo luoghi che mi mancavano e scoprivo nuovi aspetti della mia città natale con mio figlio Jessy, mentre il suo tempo era diviso tra impegni e lavoro nel mondo del bartending. La bellezza e la familiarità di Melbourne erano un balsamo per il mio spirito, ma il dolore e la nostalgia per il passato continuavano a pesare sul mio cuore.

Un giorno, mentre ero seduta con mamma, le chiesi della nostra storia familiare. Volevo sapere di più sul mio passato e sulle mie origini, ma ciò che scoprii fu sconvolgente. Non trovai tracce del mio passato, dei miei lavori, nulla. Papà, per dispetto o per odio nei miei confronti, aveva bruciato tutto quando ero partita per il Friuli 30 anni fa. Non solo i miei vestiti e documenti erano andati perduti, ma anche la macchina che avevo acquistato con i miei risparmi era stata distrutta. A mia sorella, invece, papà aveva regalato una macchina.

Mamma, non ricordando i dettagli, mi suggerì di parlare con papà. Così, lo contattai. La conversazione fu angosciante. Chiesi di suo fratello, che era stato nascosto nel mio armadio nella mia stanza 30 anni fa, e lui negò di sapere qualcosa. Affermò che forse aveva rotto una finestra per entrare, ma io sapevo che papà era stato presente nella mia stanza dopo il mio urlo. Continuava a dire che erano passati troppi anni e che non ricordava nulla, ma il suo comportamento e il suo tremore mi facevano capire che stava nascondendo la verità.

Li chiesi dove fossero finiti i miei vestiti, le scarpe, i documenti di lavoro, tutto. La risposta era che non sapeva niente. E per la macchina? Papà disse che l'avevo distrutta prima di partire per il Friuli e che lui l'aveva riparata per poi venderla. Ma ricordavo chiaramente di aver usato la macchina fino al giorno della partenza.

Papà mi accusò di essere malata di mente e di non ricordare le cose correttamente. Mamma, sempre nel suo ruolo di protettrice, cercò di chiudere la conversazione, ma papà, furioso, mi accusò di voler rovinarlo ancora e di non avere il diritto di restare a casa. Mi disse che dovevo tornare in Friuli e che, essendo un uomo, mio marito avrebbe trovato qualcun'altra. Le sue parole erano una ferita aperta e mi facevano sentire come se dovessi dimostrare il mio valore e la mia dignità.

In quel momento, il mio cuore batteva all'impazzata e la mia mente voleva risposte vere. Presi il braccio di papà, cercando di fermarlo, e gli dissi che era troppo facile scappare e non affrontare le conseguenze delle sue azioni. Dopo tutto il male subito negli anni, il mio cuore si ritrovava intrappolato in un turbinio di emozioni contrastanti. Nonostante tutto il dolore, c'era una parte di me che ancora desiderava un gesto di riconciliazione da parte di mio padre. Volevo che fosse lui ad accompagnarmi all'altare il giorno del mio matrimonio, un atto simbolico che avrebbe potuto sanare, almeno in parte, le ferite del passato. Avevo sperato che, nonostante tutto, potesse vedere in me la figlia che ero stata e che meritava quell'ultimo gesto di amore paterno.

.Forse, come me, anche lui lottava con i suoi demoni, incapace di esprimere ciò che realmente provava.

Dentro di me, c'era una lotta feroce tra la voglia di perdonare e la necessità di proteggermi da ulteriori ferite. Sapevo che, qualunque fosse la mia decisione, lo facevo per l'amore che provavo per mamma. Lei era stata il mio porto sicuro, la mia roccia in tutti quegli anni difficili. E, anche se il silenzio era il mio scudo, affrontavo tutto con il cuore pesante, sapendo che il giorno del matrimonio sarebbe stato segnato dall'assenza di un gesto che avevo tanto desiderato.

Il silenzio nella stanza era pesante, quasi soffocante, mentre mia madre sussurrava l'unica parola che le veniva in mente: **"Basta."** La sua voce tremava, ma c'era un'incredibile forza in quel singolo imperativo. **"Chiudete qui,"** continuava a dire, come se quelle parole potessero magicamente fermare tutto il dolore che ci stava inghiottendo. Ma le ferite del passato non si cancellano così facilmente, non con una semplice parola.

Papà, con il volto contratto dalla rabbia e dal rancore che aveva nutrito per anni, mi fissava con uno sguardo vuoto, privo dell'amore che un tempo credevo ci fosse. **"Cosa vuoi?"** mi chiese con una voce tagliente, come se ogni parola fosse un'accusa. **"Sei tornata solo per rovinarmi ancora?!"**

Non riuscivo a credere a quello che stavo sentendo. Come può un padre trattare la propria figlia in questo modo? Per anni avevo sperato in una riconciliazione, in una qualche forma di redenzione. Ma ogni volta che lo guardavo, vedevo solo un muro, un ostacolo insormontabile. Il suo odio, il suo disprezzo, mi colpivano con la stessa violenza di un pugno. Eppure, nonostante tutto, continuavo a rimanere in silenzio, non per me, ma per l'amore che provavo per mia madre.

Mamma mi guardò con occhi stanchi, pieni di dolore. **"Dimentica tutto,"** mi disse, come se fosse la soluzione più semplice, la via d'uscita più facile. Ma come potevo dimenticare? Come potevo cancellare anni di abbandono, di offese, di umiliazioni? Le sue parole, per quanto dolci, non avrebbero mai potuto guarire quelle ferite. **"Non potrò mai dimenticare tutto questo, mamma. Mai."** La mia voce si spezzò, e in quel momento vidi papà diventare pallido, come se un'ondata di paura gli avesse attraversato il corpo. Tremava leggermente, ed ebbi per un attimo la sensazione che stesse per crollare.

Feci un passo indietro, cercando di placare la mia rabbia. **"Va bene,"** dissi infine, forzando un respiro profondo. **"Chiudo qui, ma non è giusto tutto questo. Non è giusto come mi avete trattato per tutti questi anni."**
Il mio cuore batteva forte, mentre ogni parola

usciva come un fiume in piena, incontrollabile. Speravo che, in qualche modo, le mie parole potessero penetrare quel muro che mio padre aveva eretto tra noi. Ma nulla.

In quel momento pensai che papà sarebbe crollato lì, davanti a me, vittima di un infarto, schiacciato dal peso delle sue stesse azioni. Eppure, con una forza che non capivo, negava tutto. **"Non ho mai detto che eri morta,"** ripeté più volte, come se volesse convincersi di ciò. **"Non ho mai fatto nulla di quello che mi accusi."**

Lo sguardo di mia madre, però, raccontava una storia diversa. Era come se, con i suoi occhi, mi dicesse di fermarmi. Di non scavare più a fondo. Di non cercare risposte che sarebbero arrivate solo sotto forma di altre bugie. Così, soffocai le mille domande che avevo in testa, quelle domande che non avrebbero mai trovato verità. Mi avvicinai a mia madre, l'unica ancora di amore e comprensione in quel caos di emozioni, e la abbracciai forte. "Mi dispiace, mamma," sussurrai tra le lacrime. "Mi dispiace che tu debba assistere a tutto questo."

Ma papà non aveva ancora finito. Con una furia che non riusciva più a trattenere, mi disse : "Torna a casa tua, in Friuli, dal tuo uomo! Lui ha bisogno di una donna, e se non ci sei tu, ne troverà un'altra!" Ogni parola era una stilettata. Non riuscivo a credere a quello che sentivo. Come poteva pensare che il mio uomo mi avrebbe abbandonata così facilmente? Come poteva gettare tanto veleno sulla mia vita?

"Torna da lui," continuava. ". Non serve che rimani, tua madre può morire anche senza di te al suo fianco." Quelle parole furono la goccia che fece traboccare il vaso. Papà aveva cercato di togliermi mia madre una volta, trent'anni fa, e adesso ci provava di nuovo. Ma non gli avrei permesso di farlo, non questa volta.

Il mio cuore batteva all'impazzata, e nella mia testa riecheggiava una sola domanda: **"Cos'hai fatto?"** Mi sentivo divisa a metà, tra l'amore incondizionato per mia madre e il bisogno disperato di difendere me stessa da un uomo che, nel profondo, voleva distruggermi.

Papà, pallido e tremante, salì in salotto. Rimasi tra le braccia di mamma, cercando conforto nella sua presenza, mentre lei continuava a proteggermi come aveva sempre fatto. Il giorno seguente spiegai tutto a mia sorella, ma lei rimase scioccata dalla verità e dalle menzogne di papà. Anche lei mi suggerì di dimenticare e di cercare aiuto psicologico, ma il dolore e la confusione erano troppo profondi per essere ignorati.

Alla fine, decisi di accettare la situazione così com'era, sapendo il mio valore e ciò che avevo passato. Mi dedicai a fare del mio meglio per godere dei giorni che trascorrevo con mamma e con la mia famiglia. L'indomani, decisi di parlare con mia sorella. Le raccontai tutto quello che era successo, ogni parola velenosa che papà mi aveva rivolto, ogni accusa, ogni ingiustizia. Mi aspettavo un po' di solidarietà, forse un conforto. Invece, anche lei rimase scioccata, ma non per le parole di papà, bensì per l'idea che io continuassi a soffermarmi su questo. Lei conosceva la verità, la mia verità, e sapeva bene quanto fosse falsa l'immagine che nostro padre cercava di dipingere di me. Eppure, nonostante tutto, le sue parole suonavano sempre le stesse, come un ritornello stanco: **"Dimentica tutto e vivi bene. Devi andare avanti, chiedi aiuto psicologico per toglierti tutto dalla mente."**

Ma davvero era così semplice? Come potevo dimenticare? Come potevo cancellare tutto ciò che avevo vissuto, ogni singola umiliazione, ogni ferita che si era incisa non solo nella mente, ma nel cuore? **"E dal cuore chi lo toglie?"** pensai amaramente. Mia sorella, per quanto cercasse di darmi consigli, non poteva capire. Non aveva mai vissuto quello che io avevo attraversato, non aveva mai provato quel dolore devastante, quel senso di abbandono da parte di un genitore.

Ricordai le sue parole di trent'anni fa, quando mi aveva accusata di essere pazza, malata, bisognosa di aiuto. Non c'era niente di peggio di un bugiardo che crede nelle sue bugie, pensai. E in quel momento mi resi conto che anche mia sorella, in qualche modo, era rimasta intrappolata in quella rete di falsità che nostro padre aveva tessuto. Era più facile per lei chiudere gli occhi e dire **"dimentica"**, piuttosto che affrontare la cruda realtà.

E così, decisi di lasciare le cose come stavano. Sapevo bene dove mi trovavo e quanto valessi. Non avevo bisogno di ulteriori conferme. Ogni giorno facevo del mio meglio per essere felice, per trovare gioia nelle piccole cose, per costruire la mia vita lontano da quelle ombre del passato.

Ma dentro di me, c'era ancora quella ferita aperta, quel dolore che nessuno riusciva a comprendere fino in fondo. E mentre mia sorella continuava a dirmi di dimenticare, io sapevo che certe cose non si possono semplicemente cancellare. Si possono solo accettare e imparare a convivere con esse, come cicatrici che raccontano la storia di una battaglia mai del tutto vinta.

Ma quando arrivò il momento di prepararsi per l'85° compleanno di mamma e papà, ricevetti un'altra ferita al cuore. Mia sorella aveva prenotato un ristorante costoso per il pranzo e, quando le proposi di dividere le spese, lei rispose che erano sempre i genitori a pagare.

Questo mi spezzò il cuore. Per anni, avevo avuto l'impressione di non appartenere veramente a questa famiglia. Quando feci i conti, scoprii che mamma e papà avevano sempre pagato per le celebrazioni. Mia sorella raramente contribuiva e, nonostante la mia esperienza con il valore dei soldi e le difficoltà economiche in Friuli, continuavo a sentirmi estranea e trascurata.

La preparazione per gli 85 anni di mamma e papà avrebbe dovuto essere un momento di gioia e celebrazione, un'occasione per unirci come famiglia. Mia sorella aveva prenotato un posto magnifico per il pranzo, e io, senza pensarci troppo, le proposi di dividere a metà le spese. Era una cosa naturale per me, un gesto di condivisione tra sorelle per festeggiare i nostri genitori. Ma la sua risposta mi colpì come un pugno nello stomaco: **"Ma no, quando andiamo nei ristoranti, a Natale, Pasqua, compleanni, pagano sempre loro."**

Rimasi incredula. Sentii il cuore spezzarsi un'altra volta. **"Come è possibile?"**, pensai. Tutti questi anni di pranzi e cene, celebrazioni familiari, e i nostri genitori avevano sempre pagato tutto. E io? Io non c'ero mai stata. E questo dettaglio mi ricordava quanto fossi rimasta ai margini della mia stessa famiglia. **"Ma tu non sei qui,"** rispose mia sorella, quasi come se quella frase giustificasse tutto.

In quel momento, una triste consapevolezza si fece strada nel mio cuore: nonostante tutti i miei sforzi, nonostante i sacrifici e la distanza, continuavo a sentirmi come un'estranea nella mia stessa famiglia. Mi sentivo tagliata fuori, come se i momenti che avevo perso, i pranzi non condivisi, avessero costruito una barriera invisibile tra di noi. Pensai, amaramente, che se avessero messo via solo $20 per ogni pranzo o cena a cui non avevo partecipato, ora avrei avuto un bel gruzzolo. E invece, tutto ciò che mi rimaneva era un senso di esclusione che faceva male.

Decisi di parlare con mamma, sperando in una spiegazione che potesse alleviare il dolore. Lei, con la sua solita dolcezza, mi confermò che sì, avevano sempre pagato loro. **"Ma perché abbiamo sempre fatto così, è una routine,"** mi disse. Non c'era cattiveria nelle sue parole, solo la constatazione di un'abitudine familiare che si era consolidata nel tempo. Ma questo non toglieva il peso che sentivo nel cuore. Non era solo una questione di soldi, era molto di più. Era il senso di non appartenenza, di essere stata lasciata indietro, di non aver mai fatto veramente parte di quei momenti.

Quel giorno, compresi ancora una volta quanto fosse profonda la ferita che la distanza e gli anni di separazione avevano scavato tra me e la mia famiglia. E anche se cercavo di convincermi che l'amore di mamma fosse sufficiente a colmare quel vuoto, la realtà era che ogni gesto, ogni parola, ogni omissione continuava a ricordarmi quanto fossi stata assente.

Mamma era molto stanca, e la sua salute peggiorava di giorno in giorno. Lo vedevo nei suoi occhi, nei suoi movimenti lenti e nel modo in cui si appoggiava a me per trovare conforto. Era una stanchezza profonda, non solo fisica ma anche emotiva. Soffriva per me, per quella distanza che ci separava. Erano già tre mesi che ero lontana da mio marito, e sentivo il peso di questa separazione anche se ci tenevamo in contatto ogni giorno. FaceTime era diventato il nostro rifugio: tre volte al giorno ci sentivamo, scambiavamo parole d'amore e di sostegno, cercando di colmare il vuoto che ci separava. Nonostante la distanza fisica, ci sentivamo vicini con il cuore.

Ma mamma non riusciva a sopportare il pensiero che io fossi lontana da lui. Mi ripeteva con dolcezza e preoccupazione: **"Vai a casa da lui, tesoro, ti prometto che ci sarò ad aspettarvi tutti qui per Natale. Prometto di resistere fino ad allora."** Era il suo modo di cercare di alleviare la mia sofferenza, di darmi una speranza, un motivo per andare avanti. Voleva che io fossi felice, che non trascurassi la mia vita e il mio matrimonio, anche se sapeva che il tempo non era dalla sua parte.

Ogni notte, mi sdraiavo accanto a lei nel suo letto. Mentre le sue mani, che un tempo erano forti e capaci di sostenere il mondo, ora tremavano leggermente, sentivo la sua fragilità sotto di me. Mi baciava sulla fronte, come faceva quando ero bambina, e con quell'amore infinito cercava di asciugare le lacrime che non riuscivo a versare. Le sue parole, il suo respiro calmo e profondo, erano tutto ciò di cui avevo bisogno per sentirmi amata. Eppure, dentro di me sapevo che il Natale 2023, quella promessa che continuava a farmi, era un desiderio carico di paura, una speranza che entrambe volevamo aggrapparci, ma che era fragile come lei.

Mentre mi abbracciava, cercava di allontanare il dolore dal mio cuore, ma io non riuscivo a non pensare a quanto poco tempo ci rimaneva insieme. Avrei voluto congelare quel momento, restare lì per sempre, sotto il suo sguardo pieno d'amore, con la sua mano che mi carezzava dolcemente la guancia. Ogni istante passato al suo fianco diventava prezioso, ogni sua parola una promessa che temevo non avrebbe potuto mantenere.

E mentre mi diceva di andare, di tornare da lui, io sapevo che il mio posto era lì con lei, fino alla fine.

Quando il giorno della festa per gli 85 anni di mamma e papa' arrivò, il mio cuore era un turbine di emozioni. Sapevo che la sua salute era precaria, ma volevo fare del mio meglio per renderla felice, per farla sentire speciale come meritava. Con mani tremanti, iniziai a prepararla. Anche se era già bellissima agli occhi di tutti, per me lo era ancor di più. Le feci i capelli con cura, creando quelle onde morbide che amava tanto, e le passai un leggero strato di trucco sul viso, cercando di nascondere i segni della stanchezza che il tempo e la malattia le avevano lasciato.

Mentre la vedevo allo specchio, il suo riflesso mi parlava. Mi sorrideva, ma dietro quel sorriso c'era la sua fragilità. La sua bellezza, che non era mai svanita, ora era avvolta da un'aura di delicatezza che mi faceva stringere il cuore. Aveva sempre fatto del suo meglio per nascondere il dolore, per non farci preoccupare, ma quel giorno non riusciva più a mascherarlo. Ogni suo gesto era più lento, ogni parola più faticosa. Nonostante l'entusiasmo della giornata, io la vedevo soffrire.

Sentivo un nodo stringersi dentro di me. Avrei voluto che tutto fosse perfetto, che lei potesse godersi quella festa come avrebbe meritato, ma la realtà era diversa. Chiesi a mia sorella, quasi implorandola, di cancellare il pranzo. Le dissi che mamma non era in grado di affrontare una giornata così pesante, che avremmo dovuto rimandare, cercare un momento migliore per festeggiare. Ma la risposta fu negativa, quasi fredda. **"La festa è stata organizzata, tutto è pronto"**, mi disse, come se il benessere di mamma fosse secondario rispetto alla logistica.

E così, con il cuore a pezzi, partecipai a quella giornata. Mamma si sedette a tavola, ma non toccò cibo. Ogni volta che la guardavo, vedevo il suo viso pallido e stanco, e mi chiedevo se stessimo facendo la cosa giusta. Le persone intorno ridevano, conversavano, ma io non sentivo nulla. Era come se fossi separata da quel mondo, bloccata in una bolla di angoscia e impotenza. Mi sforzavo di sorridere, di mantenere la calma, ma dentro di me sentivo un tumulto che non riuscivo a controllare.

Mentre la festa proseguiva, la confusione nella mia testa cresceva. Mi chiedevo se avessi dovuto essere più insistente con mia sorella, se avessi dovuto fermare tutto. Ma ormai era troppo tardi. Guardavo mamma, seduta lì, silenziosa e sofferente, e mi sentivo paralizzata. Ogni sua smorfia di dolore mi colpiva come una lama al cuore, eppure non sapevo cosa fare. Mi sembrava di essere intrappolata in una situazione senza uscita, in cui ogni decisione sembrava sbagliata.

Quella festa, che doveva essere un momento di gioia, si trasformò per me in un incubo silenzioso. Mamma cercava di essere presente, di resistere, ma io la conoscevo troppo bene. Sapevo che in quel momento stava solo cercando di non deludere nessuno, di non far pesare la sua sofferenza. E io, impotente, non potevo fare altro che guardarla, con il cuore spezzato.

"Mamma, devo partire la prossima settimana," le dico con voce spezzata. Sento il peso della decisione nelle mie parole, ma dentro di me, sapevo di non poter partire, non ancora. **"Ma non posso andarmene, mamma,"** risposi, cercando di mantenere la calma mentre il mio cuore si sgretolava. **"Non posso lasciarti finché non vedo dei miglioramenti. Non posso andare via sapendo che stai così."**

Ogni giorno era una lotta interna, una guerra tra il desiderio di tornare alla mia famiglia e il bisogno viscerale di rimanere accanto a lei. Mio marito e mio figlio maggiore mi chiamavano spesso, cercando di rassicurarmi, ma allo stesso tempo, spingendomi a fare la scelta giusta. **"Devi restare lì, accanto a lei,"** mi dicevano. **"Se dovesse succederle qualcosa e tu non fossi lì, potresti pentirtene per il resto della vita."** Quelle parole mi penetravano come spade, riaprendo ferite che cercavo di chiudere.

La promessa di mamma mi dava una tenue speranza. **"Ti aspetto per Natale,"** mi aveva detto, con quel tono dolce che usava sempre per tranquillizzarmi. E anche se sapevo che stava lottando, volevo credere che ci sarebbe riuscita, che avremmo passato insieme un altro Natale, tutti uniti come un tempo. Ma dentro di me, il dolore e la confusione restavano, come una nuvola oscura che non voleva dissiparsi.

Ogni giorno mi trovavo di fronte allo stesso dilemma. Restare lì con mamma, sapendo quanto era fragile, o tornare a casa, dove anche la mia famiglia aveva bisogno di me? Ero dilaniata, prigioniera di due mondi che sembravano allontanarsi sempre di più. Ogni scelta che prendevo sembrava sbagliata, come se qualsiasi decisione avrebbe provocato sofferenza. Eppure, in mezzo a questo caos, trovavo conforto in una verità semplice e potente: l'amore.

L'amore per mia madre, che mi aveva sempre dato forza, e l'amore per la mia famiglia, che mi sosteneva anche a distanza. Era quell'amore che mi guidava ogni giorno, come un faro nelle notti più buie. Anche se tutto sembrava crollare intorno a me, sapevo che il mio cuore avrebbe trovato la strada. E così, ogni mattina, mi svegliavo accanto a mamma, pronta ad affrontare un altro giorno di incertezze, ma determinata a rimanere forte. Sapevo che, qualunque fosse il futuro, avrei lottato fino alla fine per essere lì, con lei, per non lasciarla mai sola.

Capitolo 11 Il Dolore del Distacco

Arrivò il giorno della mia prima partenza, e mai avrei immaginato come quella giornata avrebbe preso una piega così inaspettata. Quella mattina, fui svegliata di soprassalto da un incubo. Il cuore batteva forte, sentivo un'angoscia che mi stringeva il petto. Con un respiro profondo, presi il cellulare dal comodino accanto a me e vidi che erano le 3 del mattino. **"Meno male che era solo un incubo,"** dissi a bassa voce, cercando di calmarmi.

Nel sogno, mamma era seduta sul bordo del mio letto. Indossava una lunga camicia da notte a fiorellini rosa, quella che aveva sempre avuto e che evocava in me un senso di dolcezza e familiarità. Ma il suo volto era cupo, segnato da un'espressione di dolore. **"Carla, sto male; devo andare all'ospedale,"** mi aveva detto con una voce che sembrava provenire da un luogo lontano, ma reale al punto da farmi balzare dal letto.

Confusa e disorientata, mi alzai. Misi gli occhiali scuri e il cappellino della mia squadra di football preferita, i Carlton, come se quelle piccole azioni potessero darmi un senso di sicurezza in un momento così surreale. Scesi velocemente per raggiungere mamma, ma mi fermai. Il sogno non era reale. Lei non era lì. Il mio cuore si calmò, sebbene l'inquietudine rimanesse sospesa nell'aria. Tornai a letto, pensando che forse era stato solo il riflesso delle mie paure. Eppure, l'ombra di quel sogno non mi lasciava andare. Rimisi la testa sul cuscino e, nonostante tutto, caddi di nuovo in un sonno agitato.

Un'ora dopo, alle 4 del mattino, fui svegliata di nuovo. Il cellulare lampeggiava sul comodino e nel sonno vidi lo stesso incubo ripetersi: mamma era seduta allo stesso lato del letto, con la stessa camicia da notte, e diceva le stesse parole. **"Carla, sto male, devo andare in ospedale."** Questa volta, però, la sensazione di paura era così forte che mi tolse il respiro.

Il mondo sembrava crollarmi addosso. Mi sentivo travolta da un'angoscia che non riuscivo a controllare. Cercavo di essere forte, di mantenere la calma, specialmente davanti a lei. Ma dentro di me tremavo. La realtà si confondeva con i miei incubi, e per un momento non capivo più cosa fosse reale. Aiutai mamma a vestirsi, con mani che tremavano, e insieme preparai tutte le carte mediche necessarie, come se ogni gesto fosse fatto per cercare di tenere sotto controllo il caos.

Le passai una piccola bottiglietta d'acqua, che lei prese con un sorriso stanco. **"Vai a dormire, Carla,"** mi disse con dolcezza. **"Papà mi porterà in ospedale, non preoccuparti."** Ma come potevo chiudere gli occhi e riposare sapendo che stava andando via, verso un ospedale, in piena notte? La paura e il senso di impotenza mi invadevano, e per un istante mi sentii una bambina di nuovo, incapace di fare nulla per proteggerla.

Provai a chiamare mia sorella per informarla, ma non rispose. Probabilmente dormiva, ignara di quello che stava accadendo. In quel silenzio, mio figlio mInore si era svegliato, e senza dire una parola, osservava tutto con occhi attenti e preoccupati. Anche lui, come me, capiva che qualcosa di terribile stava succedendo, anche se nessuno voleva ammetterlo a voce alta.

Mentre guardavo mamma salire in macchina, una parte di me si sentiva spezzare. Il mio cuore era diviso tra il desiderio di proteggere lei e la necessità di restare forte per la mia famiglia. Ero lì, bloccata tra due mondi, tra il dovere di figlia e quello di madre, cercando di non crollare sotto il peso della paura che, in quel momento, sembrava l'unica cosa reale.

Le ore passavano lente, ogni minuto sembrava un'eternità, e il silenzio che avvolgeva la casa diventava sempre più opprimente. Mi sentivo sospesa in un limbo, incapace di rilassarmi o concentrarmi su altro. Continuavo a fissare l'orologio, ogni secondo che passava aumentava l'angoscia. Pensavo solo a mamma, alla sua fragilità, e al fatto che in questo momento così delicato non ero lì con lei, seduta accanto al suo letto come avevo sempre fatto. Mi sembrava di vivere un incubo, uno di quelli in cui corri disperatamente verso qualcosa, ma non riesci mai a raggiungerlo.

Finalmente, verso le 6 del mattino, il mio telefono squillò. Era mia sorella. **"Mamma è stata ricoverata,"** le dico con una voce che cercava di essere calma. **"I medici le stanno facendo una serie di esami. Ha avuto un forte dolore, ma sono esperti, sanno cosa fare."** Quelle parolele colpirono come una frustata. Lei chiama papa' per risposte.

Mentre ascoltavo, il sollievo che tanto speravo di trovare non arrivava. Al contrario, la paura si era radicata ancora più profondamente. Il pensiero di mamma in un letto d'ospedale, in attesa di risposte, mi tormentava.

Cercavo conforto nella voce di mia sorella, ma ogni parola che pronunciava sembrava lontana, come se provenisse da un luogo distante e irraggiungibile. Il mio cuore era lì, con mamma, e non riuscivo a staccare la mente da quell'immagine di lei sofferente. Mi sentivo impotente, come se le mie mani fossero legate, incapace di fare qualcosa per aiutarla. Papà, che avevo visto così nervoso e distante nelle ore precedenti, si trovava lì, accanto a lei. Nonostante il nostro rapporto fosse stato per anni tormentato, in quel momento l'unica cosa che desideravo era che lui fosse abbastanza forte da sostenerla.

Mia sorella cercava di mantenere la calma, rassicurandomi che i medici erano competenti e che stavano facendo tutto il possibile. Ma le sue parole non riuscivano a dissipare l'angoscia che provavo. Ogni fibra del mio essere voleva essere lì, volevo sentire la mano di mamma nella mia, rassicurarla come avevo sempre fatto, dirle che tutto sarebbe andato bene. Ma ero bloccata in questa attesa interminabile, in una notte che sembrava non voler finire.

Il peso di quegli istanti si fece insostenibile. Mi resi conto che, nonostante tutto, c'erano cose che non potevo controllare, che la vita, a volte, ti costringe a stare ferma, a guardare e ad attendere, mentre il destino si dispiega davanti ai tuoi occhi. E così, in quella lunga attesa, pregavo, speravo e cercavo di mantenere viva la luce della speranza, nonostante il buio che sentivo dentro di me.

Verso le 9, ricevetti un'altra chiamata da mia sorella. La sua voce era carica di preoccupazione,. Dopo aver ascoltato, mi disse di prepararmi: sarebbe venuta a prendermi per andare insieme in ospedale, così papà avrebbe potuto tornare a casa a prendere le sue medicine e riposarsi un po'. Le restrizioni del Covid erano ancora in vigore, il che significava che solo due persone potevano entrare nella stanza di mamma contemporaneamente. Era una situazione così surreale: nonostante fossimo nel 2023, quelle limitazioni rendevano tutto più angosciante.

Quando arrivammo al pronto soccorso, mamma era lì da più di sei ore. Non appena la vidi, corsi verso di lei, e lei, come sempre, con un sorriso dolce e stanco, cercava di trasmetterci il coraggio. Ma io potevo vedere la sofferenza nei suoi occhi. Anche nel momento della debolezza, lei era la mia più grande ispiratrice, la mia roccia, il mio supereroe.

Il dolore nel cuore era insopportabile. Non potevo pensare di partire e lasciare mamma in quelle condizioni. Lei era tutto per me, e l'idea di essere lontana proprio in quel momento mi lacerava. Mio marito e mio figlio, i miei due pilastri in Friuli, mi ripetevano che dovevo rimanere lì, accanto a lei, anche per loro. **"Il nostro amore è così grande che nessuna distanza ci separerà mai,"** mi dicevano. Quelle parole mi davano conforto, ma non allievavano il dolore.

Decisi di prolungare il mio rientro di altri quindici giorni, non riuscivo a staccarmi da lei. Mamma venne ricoverata per una settimana, ma quando finalmente la rimandarono a casa, mi chiedevo come fosse possibile. Non era migliorata, e la sua salute era ancora precaria. Mia sorella, cercando di essere positiva, mi disse che a casa sarebbe stata meglio. Ma come poteva?

Era straziante vederla così, fragile, a casa, senza un minimo miglioramento.

Quanto male al cuore vederla a casa, senza un goccio di energia, a dormire tutto il giorno. Quella non era lei, la mia mamma, la donna forte e coraggiosa che avevo sempre conosciuto. Era straziante. Passavo ore accanto a lei, sdraiata sul suo letto, tenendole la mano calda ma fragile, sperando disperatamente che si riprendesse. **Lei doveva migliorare.** Non meritava tutto quel dolore. Ogni giorno la trovavo più stanca, senza forze, senza voglia di fare nulla. I suoi occhi, però, erano ancora pieni di amore.

Un giorno, mentre le stringevo la mano, mi guardò con quegli occhi dolci che avevano sempre avuto una risposta a tutto, e con un filo di voce mi disse: **"I love you,"** e mi baciò la fronte. In quel momento, il mio cuore esplose in mille pezzi. Sapevo che le sue parole nascondevano un dolore immenso, eppure lei continuava a preoccuparsi per me. **"Torna da tuo marito e tuo figlio in Friuli, loro hanno bisogno di te,"** mi ripeteva. Ma come potevo lasciarla? Lei era tutto per me.

Papà, invece, sembrava vivere in un mondo a parte. Continuava a ripetermi che dovevo tornare in Italia. **"Non ho visto mia madre morire, puoi fare lo stesso,"** mi disse con una freddezza che mi spezzò l'anima. Quelle parole orrende mi trafiggevano, ma io rifiutavo di ascoltarle. Non potevo lasciare mamma in quel momento, sapevo quanto fossi importante per lei, e lei per me.

Due giorni dopo, le condizioni di mamma peggiorarono improvvisamente. Chiamai subito mia sorella, che contattò l'oncologa. Fu deciso che mamma sarebbe stata ricoverata nuovamente in ospedale. Ogni giorno, insieme a mio figlio, la mia roccia, andavamo a trovarla. Ogni giorno la sua salute peggiorava, ma lei non si lamentava mai. Era una leonessa, combattiva fino all'ultimo. Non voleva tornare a casa, sembrava che dentro di lei ci fosse una rabbia inespressa, come se sapesse che il tempo stava per scadere. Non voleva vedere nessuno, né parlare al telefono. Solo noi, la sua famiglia più stretta. E noi c'eravamo sempre per lei.

Ogni sera lasciarla in quell'ospedale era uno strazio. "**I love you, mummy,**" le dicevamo, e lei rispondeva con un filo di voce, "**I love you too.**" Quanto amore c'era per quella donna straordinaria, la nostra guerriera. Nonostante tutto, dentro di me c'era ancora una piccola speranza. Speravo che la mia mamma, la mia guerriera, potesse sconfiggere ancora una volta quella bestia che l'aveva già piegata due volte. Ma ogni giorno la sua sofferenza aumentava, e anche se non si lamentava mai, il suo corpo la tradiva.

Chiesi ai parenti in Italia e in Canada di inviarle dei video messaggi. Mentre li guardava, io le tenevo la mano sotto le coperte, cercando conforto nel calore che ancora emanava. Ma quel calore iniziava a svanire, e con esso anche la mia speranza.

Quando finalmente arrivò il giorno in cui tutta la famiglia si riunì per discutere gli aggiornamenti sulla salute della nostra guerriera, l'atmosfera era carica di una tensione palpabile. Ci incontrammo a casa di papà, dove il profumo del caffè e dei dolci appena sfornati contrastava bruscamente con l'ansia che ci attanagliava il cuore. Le parole del medico trasmesso da mia sorella, pesanti come piombo, ci colpirono come un fulmine a ciel sereno: mamma non sarebbe tornata a casa. Sarebbe rimasta in ospedale fino a quando si sarebbe liberato un letto in un hospice. "NOOOOOOO.... PERCHE?" Le lacrime iniziarono a scorrere dai nostri visi, formando un oceano di dolore e impotenza.

Le settimane passarono come un brutto sogno. Dopo un mese di sofferenza, ci trasferirono all'hospice, un luogo che promuoveva solo il sollievo del dolore, senza false speranze. Ogni giorno la nostra bella guerriera mostrava segni di cedimento. Era diventata così fragile che le sue mani, un tempo forti e rassicuranti, sembravano un soffio di vento. Non poteva più tenere in mano nemmeno un cucchiaio; noi le davamo da mangiare con cautela, desiderando ardentemente che potesse recuperare le forze.

Seduta al suo fianco, mentre le stringevo la mano calda, ma ormai tremolante, la sentii dire con dolcezza: "Ho vinto il cancro due volte, posso farcela di nuovo." La sua forza interiore brillava ancora, eppure il suo corpo stava cedendo. Non si lamentava mai, neanche di fronte al dolore insopportabile che stava vivendo, affrontando la battaglia con un coraggio che sembrava sovrumano.

L'ottavo giorno all'hospice, mentre entravo nella stanza, notai un'atmosfera strana. I medici erano riuniti attorno a lei, il loro sguardo grave e carico di significato. Mi chiamarono fuori, e quando chiesi che stesse succedendo, sentii il mio cuore fermarsi. "Se supera la notte, non è detto che superi anche il giorno dopo," dissero, come se avessero appena sigillato il destino della mia vita. Non potevo accettarlo. Continuavo a sperare, come lei aveva sempre fatto.

Chiamai mia sorella, le raccontai della situazione disperata, implorandola di venire subito. Le lacrime scendevano senza sosta, bagnando il mio viso mentre la paura mi attanagliava. Quando finalmente mia sorella arrivò, entrammo insieme nella stanza. Mamma giaceva nel suo letto, profondamente addormentata, il suo respiro lento e profondo. Quel suono mi faceva paura, evocando ricordi di un caro amico che avevo salutato per l'ultima volta.

Da quel momento, mamma non si svegliò più, affondando in un sonno che sembrava eterno. Nel profondo del mio cuore, speravo ancora che si sarebbe risvegliata, che ci avrebbe sorriso come aveva sempre fatto. La presenza del prete per l'ultima benedizione sembrava surreale, una scena che non avrei mai voluto vivere. Mamma non aveva mai fatto del male a nessuno; anzi, aveva sempre cercato di portare amore anche ai suoi nemici.

Quella notte, papà rimase al suo fianco, silenzioso e immobile, mentre l'oscurità avvolgeva l'hospice. Le parole non servivano; eravamo tutti consapevoli che ci stavamo avvicinando a un addio che non avremmo mai voluto affrontare.

Ero in uno stato confusionale, avvolta in una nebbia di emozioni e paure. Mio figlio, la mia roccia qui inclusi le mie roccie in Friuòi, cio'e' mio marito, insieme all'altro mio figlio, mi sostenevano attraverso videochiamate dal Friuli, portandomi un barlume di normalità in mezzo a tanta incertezza.

La mattina successiva, io e mio figlio partimmo presto per l'hospice, così papà poté tornare a casa a prendere le sue medicine e a riposare un po'. Non aveva chiuso occhio, tormentato dal forte respiro di mamma che rimbombava nella stanza come un eco di dolore.

Mio figlio, con il suo amore e la sua dolcezza, si avvicinò alla nonna e le diede il buon giorno, come faceva ogni mattina, anche se lei era immersa in un sonno profondo. Poi si ritirò in sala d'attesa, dove si immerse nel lavoro sul suo computer. Io, invece, presi la mano di mamma e cominciai a parlarle. Le raccontai tutto: dei successi di mio altro figlio e della sua morosa, della loro nuova casa, e delle novità sul lavoro del mio marito. Pregavo con tutto il cuore che aprisse gli occhi, che mi ascoltasse. Senti il calore della sua mano sotto le coperte, e a volte avevo l'impressione che cercasse di stringerla, come se percepisse ogni parola che le stavo dedicando.

Quando arrivò mia sorella, ci sedemmo e iniziammo a discutere della situazione. Lei mi disse che dovevamo incoraggiare mamma a lasciarsi andare, ma io non riuscivo a farlo. Era ingiusto. Anni di amore, di attese e di distanza non potevano ridursi a una richiesta così devastante. Mia sorella mi accusò di essere egoista, ma non capiva: il mio cuore si rifiutava di accettare l'idea di perdere la mia mamma.

Quel respiro profondo che emetteva era come un gorgoglio, e l'odore della morfina che si sprigionava dalla sua bocca era avvolgente e opprimente. Spesso, andavo a prendere un caffè alle macchinette, cercando di distrarmi e di controllare come stesse mio figlio. Le infermiere ci lodavano, dicendo quanto fosse forte la nostra guerriera e quanto fosse bella la mia storia, quella di una madre che aveva sacrificato tanto per stare accanto alla propria mamma.

Feci una videochiamata con il mio lui, per tenerlo aggiornato su tutto. Mentre parlavamo, mia sorella mi cercò, dicendo che mamma aveva aperto gli occhi. Misi giù il telefono e corsi nella stanza. Presi la mano di mamma, e la vidi: i suoi occhi scuri erano vuoti e assenti, ma una lacrima scivolò sul suo viso. L'infermiera ci disse che non era connessa, ma poteva comunque sentire tutto. Quel singolo gesto, quella lacrima, mi spezzava il cuore. Non volevo che soffrisse, eppure già mi mancava tutto di lei.

Quando papà arrivò per passare la notte con lei, noi ci dirigemmo verso casa, ogni attimo segnato dall'ansia sul mio cellulare. Il giorno seguente, tornammo all'hospice, lasciando papà riposare a casa. Mio figlio salutò con affetto la nonna e tornò in sala col suo computer. Io, come sempre, presi la mano calda di mamma da sotto le coperte. I suoi occhi erano chiusi, il respiro sempre più forte, e l'odore della morfina penetrante.

Mia sorella ed io trascorrevamo il tempo con lei, mentre gli infermieri ci preparavano all'inevitabile. "Mamma potrebbe andare mentre siamo a bere un caffè o in bagno," ci avvertirono, ma sapevo che la nostra amata mamma avrebbe voluto avere noi al suo fianco fino all'ultimo istante.

Ogni giorno, mentre vivevo dall'altra parte del mondo, la mia più grande paura era di non vedere mai più mia madre. Eppure, ora ero lì, accanto a lei, a stringerle la mano. Le ore passavano, e papà tornò. Gli infermieri ci dissero di non andare a casa, che mamma non avrebbe vissuto a lungo. Ma le sue mani erano calde nelle mie. Era impossibile.

Poi arrivò mio cognato, e insieme a mio figlio si avvicinò alla nonna. Il suo sguardo, carico di tristezza, mi spezzò il cuore. Lui corse fuori, sapendo che non c'era molto tempo per la sua amata nonna. Lo diciamo di andare a casa dai suoi cugini, mentre io rimanevo al fianco di mamma, con mia sorella dall'altra parte. Papà e mio cognato erano in silenzio, mentre mia sorella si addormentò. Io mi rinchiusi nel bagno e chiamai il mio lui, per dirgli che la nostra bella mamma non sarebbe rimasta a lungo con noi.

Quando papà mi chiamò per dirmi che mamma aveva fatto due respiri lunghi e silenziosi, chiusi la chiamata e corsi da lei. Papà mi fece spazio e mi mise davanti a mamma. Presi la sua mano sotto le coperte e posai l'altra mano sotto il suo naso, per sentire il suo respiro. I suoi occhi erano aperti. Guardai mia sorella, che teneva l'altra mano di mamma. Sentii un lento e leggero respiro sul mio dito, poi, all'improvviso, nulla.

Arrivarono le infermiere, il loro volto serio mentre controllavano se mamma respirasse ancora. Sentirono il calore dei suoi piedi, ma erano già freddi. "No, le mani sono calde!" protestai, aggrappandomi a una speranza illusoria. Ma loro, con dolcezza, mi spiegarono che i piedi sono i primi a raffreddarsi. "Continuate a parlarle," dissero, "perché l'udito è l'ultimo a spegnersi, anche un paio d'ore dopo che il cuore ha smesso di battere."

Tra le lacrime, io e mia sorella ci scambiammo uno sguardo carico di comprensione, e senza pronunciare una parola, entrambe chiudemmo gli occhi della nostra immensa guerriera, mamma.

Corri nel bagno per chiamare il mio lui, mentre mia sorella si affrettò a contattare i ragazzi a casa, per dare loro la triste notizia. Ogni attimo sembrava surreale, come un brutto sogno da cui non riuscivo a svegliarmi. In quel momento, ricevetti un messaggio audio che risuonava di campane, un suono lontano dal Friuli, e il mio cuore si frantumò in mille pezzi. Le lacrime scorrevano incessanti.

Il dottore ci chiamò per tornare nella stanza di mamma. E lì, davanti a noi, si svelava la sua bellezza eterna: la pelle liscia, il viso sereno, le mani che tenevano una rosa, come se stesse semplicemente dormendo. "Come back," le sussurrai tra le lacrime, ma mia sorella mi sussurrò che ora era in pace. Le promisi che avrei vegliato su papà, assicurandomi che potesse affrontare la vita nella grande casa da solo, e poi, come desiderava lei, io e mio figlio saremmo tornati in Friuli.

Accarezzai il suo viso, che stava lentamente diventando pallido e freddo. Non poteva essere vero: la nostra guerriera era volata via con gli angeli.

Io e mia sorella le demmo un ultimo bacio, il tocco delle nostre labbra un gesto di amore eterno. Poi, ci dirigemmo verso casa, dove i ragazzi ci attendevano. Papà e mio cognato rimasero accanto a lei, finché non arrivò il carro funebre per prepararla e portarla via. Ogni attimo era intriso di un dolore che sembrava impossibile da sopportare, eppure, sapevamo che l'amore che ci legava sarebbe rimasto per sempre.

Tra le lacrime e il dolore, io e mia sorella chiudemmo gli occhi di mamma, un gesto che sembrava impossibile. Io, in preda alla disperazione, mi rifugiai nel bagno per chiamare il mio lui, condividendo il mio dolore. Mia sorella informò i ragazzi a casa della triste notizia. La sensazione di surrealismo era opprimente, e ogni cosa sembrava un brutto sogno.

Ricevetti un messaggio audio con il suono delle campane che suonavano per mamma dal lontano Friuli. Le lacrime scorrevano incessantemente mentre accarezzavo il volto di mamma, che ora sembrava sereno e in pace. Non potevo accettare che fosse davvero andata. La sua pelle era liscia, e il suo viso portava un'espressione di calma. Le sue mani tenevano una rosa, un gesto di bellezza e amore che sembrava quasi un ultimo saluto.

Mi accorsi di quanto fosse silenzioso tutto intorno a noi, e mentre chiudevo gli occhi di mamma, sussurrai che avrei vegliato su papà finché non sarei stata sicura che potesse farcela da solo. Poi, promettevo che io e mio figlio saremmo tornati in Friuli, proprio come mamma aveva voluto.

Arrivati a casa, io e mia sorella ci lanciammo tra le braccia dei nostri figli, trovando conforto nel calore e nell'affetto di chi ci ama. I ragazzi, nel frattempo, avevano tirato fuori le vecchie foto di mamma, riempiendo la stanza di ricordi vividi. Con un sorriso carico di nostalgia, sollevai un bicchiere di Baileys in onore della nostra guerriera, mentre i cioccolatini, i suoi preferiti, venivano gustati con dolcezza.

Le risate si mescolavano alle lacrime, creando un'atmosfera di profonda commozione. Ogni immagine raccontava una storia, ogni sorriso evocava un momento condiviso. In quel mix di gioia e tristezza, capivamo che, anche se mamma non era più fisicamente con noi, il suo spirito viveva in ogni ricordo, in ogni sorso di Baileys, in ogni cioccolatino assaporato. Eravamo uniti nel ricordo di una donna straordinaria, la nostra roccia, la nostra luce, e sapevamo che avremmo continuato a portare avanti il suo amore, trasformando il dolore in gratitudine per tutto ciò che ci aveva donato.

Il giorno seguente, quando ci fu comunicato che il funerale sarebbe stato programmato tra dieci giorni, il dolore fu insopportabile. Il tempo di attesa mi sembrava un'agonia. Mi rifugiai nella musica, cantando a squarciagola "Ovunque sarai" mentre le lacrime scendevano. Mio figlio, preoccupato per il mio stato, cercava di calmarmi, ma io avevo bisogno di sfogarmi.

Mi chiusi nell'armadio buio con la sciarpa di mamma tra le mani, sentendo il suo profumo. Parlai con lei come se fosse ancora qui, convinta della sua presenza accanto a me. La sua mancanza era una ferita aperta, ma attraverso il dolore, trovavo conforto nella memoria e nell'amore che avevamo condiviso.

La forza e la determinazione di mamma avevano sempre ispirato la mia vita. Ora, mentre affrontavo il futuro senza di lei, ero determinata a portare avanti il suo legato, a vegliare su papà e a mantenere viva la nostra memoria familiare. Il suo spirito, anche se fisicamente assente, rimaneva una guida e una fonte di forza per il cammino che avevo davanti.

Capitolo 12: Il Silenzio e il Ritorno

Decidemmo di organizzare un barbecue, proprio come avrebbe voluto mamma. Non era solo un pasto, ma un modo per riunire la famiglia, per sentirci tutti uniti, per cercare quella normalità che sembrava essere sfuggita via insieme a lei. Mamma ci aveva sempre insegnato che, nei momenti più difficili, la forza la si trova nelle piccole cose, nella semplicità di un gesto quotidiano, e così decidemmo di farlo per onorarla, per continuare a vivere secondo i suoi insegnamenti.

La giornata era luminosa, un sole dolce scaldava l'aria, quasi come se anche il cielo avesse voluto partecipare al nostro ricordo di lei. Papà, seppur devastato dal dolore, si diede da fare per accendere il fuoco, come faceva sempre durante quei momenti di festa che mamma amava tanto.

Il profumo della carne che sfrigolava sulla griglia si mescolava alle risate del nipotino che correva nel giardino, quasi a ricordarci che la vita, nonostante tutto, continua. Mia sorella ed io ci trovammo spesso a scambiarci sguardi complici, immersi tra i sapori e i suoni che avevano sempre caratterizzato le riunioni familiari che mamma amava organizzare. I cioccolatini non mancavano sul tavolo, né il Baileys, quella sua tradizione segreta che ci faceva sempre ridere.

La nostra guerriera sarebbe stata felice di vederci così: insieme, solidali, anche se con il cuore spezzato. Tra un brindisi e una battuta, tra una foto passata di mano in mano e una storia raccontata con la voce tremante, ritrovammo la forza di sorridere, di ricordare i momenti belli e di condividere il peso di un dolore che non avremmo mai potuto affrontare da soli.

Il barbecue non era solo un modo per cercare di riprendere la normalità, ma un atto d'amore verso di lei, il nostro modo di dire che, anche se non era più con noi fisicamente, sarebbe sempre stata il cuore pulsante della nostra famiglia.

Il giorno prima del funerale, ci è stato concesso di vederla per l'ultima volta. Non ero pronta, nessuno lo è mai. Entrare in quella stanza fredda è stato come entrare in un altro mondo, un mondo senza di lei. Appena varcata la soglia, ho fatto un passo avanti verso di lei, ma subito dopo uno indietro. La vista di mamma, così immobile, così diversa da come l'avevo conosciuta, mi ha spezzato il cuore. Le lacrime hanno iniziato a scendere senza sosta, e dentro di me risuonava una voce tremante: "Questa non è la mia mamma."

Ma lo era. Era proprio lei, la mia mamma, anche se in quel momento sembrava così distante, quasi irriconoscibile nel suo sonno eterno. Mi sono avvicinata di nuovo, con passo incerto, e ho guardato il suo viso. Era gelido al tocco, ma sereno, finalmente in pace dopo tanta sofferenza. Ho sussurrato, con la voce strozzata dal dolore: "Mamma, torna indietro... per favore." Una parte di me continuava a sperare, a pregare che si sarebbe svegliata, che avrei potuto sentire ancora una volta la sua risata, vedere il suo sorriso. Ma sapevo che non sarebbe stato così.

Attorno al suo corpo minuscolo, abbiamo voluto circondarla delle cose che amava, come se potessimo darle conforto anche in quel momento. Ho preparato con amore un libro pieno di foto di tutti noi, di momenti felici, di ricordi che avremmo portato con noi per sempre. Il suo rossetto preferito, quello che indossava sempre con orgoglio, e la sua parrucca, quella che portava con dignità quando aveva perso i capelli durante il primo ciclo di chemio. Ogni oggetto aveva un pezzo di lei, ogni dettaglio parlava di una vita vissuta con coraggio, amore e dedizione.

Accanto a lei, ho messo anche una lettera, una lettera che avevo scritto per lei e che avrei letto durante il funerale. Ogni parola era carica di dolore, ma anche di gratitudine per tutto quello che era stata per me, per noi. Quella lettera era il mio ultimo saluto, il mio modo di dire addio alla donna che era stata il centro del mio mondo, la mia roccia, il mio esempio.

In quella stanza fredda, con mamma avvolta dalle cose che amava, il mio cuore sembrava esplodere per la mancanza. Sapevo che da lì a poco avremmo dovuto lasciarla andare per sempre, ma il pensiero di farlo mi sembrava impossibile.

Attorno alla bara di mamma, il dolore era palpabile, come una nube densa che ci avvolgeva tutti. Le lacrime scorrevano senza freno, ogni singola persona raccolta lì per dare l'ultimo saluto sentiva un pezzo di sé spezzarsi. Era un momento di lutto profondo, un silenzio rotto solo dai singhiozzi soffocati, mentre ognuno si avvicinava a mamma per dirle addio.

Poi arriva il turno di Jessy, mio figlio, l'ultimo a salutarla. Si ferma davanti alla bara, gli occhi pieni di lacrime, ma con quel suo sguardo carico di affetto e tenerezza che ha sempre avuto per sua nonna. Si avvicina, la guarda per un istante, e in quel momento, tra tutta quella solennità, pronuncia quelle parole inaspettate: "Managgia nonna, che hai fatto?"

Un attimo di sorpresa, poi le lacrime si mischiano alle risate. Quella battuta, così spontanea, così innocente, era il suo modo di esprimere amore, quel suo modo unico e speciale , esattamente come quel di suo fratello Stephen ,che la loro nonna adorava. Tutti, tra il pianto e il dolore, non possono fare a meno di sorridere, persino ridere tra le lacrime. Jessy, con una sola frase, aveva riportato un po' di luce in quel momento buio. Un momento che non avremmo mai dimenticato, perché rappresentava perfettamente il rapporto speciale che aveva con lei.

Mamma avrebbe sorriso, lo sapevamo tutti. Le piaceva quel suo modo di fare, quel misto di dolcezza e umorismo che la faceva sempre ridere. Anche in quell'ultimo addio, Jessy era riuscito a portare un po' di lei tra di noi, a ricordarci che, nonostante tutto, l'amore e il ricordo di chi abbiamo perso possono sempre farci sorridere anche nei momenti più difficili.

Il giorno del funerale arriva, un giorno che speri non giunga mai, eppure è lì, inevitabile e carico di dolore. La limousine ci porta lentamente verso la chiesa, ma prima facciamo un brindisi con il Baileys, il suo liquore preferito, quello che avevamo bevuto tante volte insieme nei momenti felici. Solleviamo i bicchieri e tra le lacrime, uniti, diciamo tutti in coro: "We love you nonna/mamma."

Le nostre voci tremano, ma quel brindisi sembra restituirci per un attimo un frammento di lei, della sua presenza calda e rassicurante. Il sole del mattino sembra quasi brillare più forte mentre entriamo in chiesa, come se persino il cielo volesse rendere omaggio alla nostra guerriera. La chiesa è gremita, ogni panca è occupata. Ci sono amici, parenti, conoscenti, persone che mamma aveva toccato in un modo o nell'altro durante la sua vita, ognuno venuto a dare l'ultimo saluto. Il suo amore aveva lasciato un'impronta su tante vite.

Ogni membro della famiglia ha qualcosa da dire, un ricordo, una parola, un omaggio che risuona nella quiete solenne del luogo sacro. Le voci spezzate dalla commozione, le lacrime che rigano i volti mentre la nostra amata mamma viene ricordata per la donna forte, amorevole, e tenace che era.

Io, invece, fisso la bara. È impossibile distogliere lo sguardo da quel legno che ora racchiude tutto ciò che resta di lei. Le lacrime non smettono di scendere, una dopo l'altra, come se non potessi mai piangere abbastanza. Il mio corpo trema, il dolore mi attraversa da capo a piedi, e il cuore sembra esplodere da quanto soffre. Mi chiedo come farò, come sarò in grado di leggere quella lettera che ho scritto per lei, senza crollare sotto il peso delle emozioni.

Ogni parola che ho scritto è un pezzo di noi, della nostra storia, dei nostri ricordi. Ma ora, con la voce che mi si blocca in gola e le mani che tremano, ho paura di non farcela. Guardo ancora la bara, come se da quel legno mi aspettassi un segno, come se volessi vedere mamma aprire gli occhi e dirmi che andrà tutto bene, come faceva sempre. Ma so che non accadrà.

Tuttavia, sento dentro di me che lo devo a lei, alla sua memoria, al nostro amore. E in quel momento, trovo la forza, una forza che so viene da lei, e mi preparo a salire sull'altare, consapevole che ogni parola che pronuncerò sarà una promessa d'amore eterno..

Quando comincio a leggere la lettera, le parole sembrano pietrificarsi nella mia gola. Ogni frase che avevo scritto con tanto amore e dolore diventa un macigno che si schianta sul mio cuore, risvegliando ferite che non avrei mai voluto aprire. Sento il tremito nelle mani, il respiro che si spezza, e per un istante penso di non farcela. Il silenzio in chiesa è assordante, le lacrime mi annebbiando la vista, e in quel momento tutto sembra troppo difficile da sopportare.

Ma poi, tra i banchi, vedo Jessy. Silenzioso e discreto, si avvicina e resta accanto a me. Solo la sua presenza, quella sicurezza silenziosa che ha sempre, mi dà la forza di andare avanti. Lo sento lì, e mi sembra che in qualche modo anche la nonna sia ancora con noi, che ci guardi e ci incoraggi a continuare. Con il cuore che batte forte, riprendo a leggere, anche se ogni parola mi costa uno sforzo immenso. Le lacrime continuano a scorrere, ma ormai non le freno più. Gli occhi restano fissi sulla bara, come se, da un momento all'altro, mi aspettassi che lei si alzi, che torni a sorriderci, a riempirci di quel suo amore incondizionato che ci ha sempre avvolto.

Quando la messa finisce, ci avviamo verso il carro funebre che ci accompagnerà al cimitero. Prima, però, facciamo un'ultima fermata: la nostra casa, la casa che ha visto crescere la nostra famiglia, che ha ospitato i suoi sorrisi, i suoi abbracci, la sua forza. È l'ultimo saluto, e con le lacrime agli occhi, posiamo una rosa bianca sul gradino della porta, quasi a voler lasciare lì un pezzo del nostro cuore, sapendo che lei sarà sempre parte di quella casa.

Poi, proseguiamo verso il cimitero. I nipoti, con i volti segnati dal dolore e dall'orgoglio di portare la bara della loro nonna, camminano avanti, mentre io , mia sorella e papà, insieme, seguiamo dietro di loro. La bara, color bordeaux, splende sotto il sole, come un ultimo riflesso della bellezza e della dignità che mamma ha portato con sé fino alla fine.

Ma c'è un momento in cui la bara si blocca, non riesce a passare sulla passerella del loculo. Ed è in quel momento che Jessy, con quel suo modo di essere simile a lei, grida: "STOP!" Si avvicina alla bara, prende un fazzoletto dal taschino della giacca e inizia a pulire con cura le impronte lasciate. È un gesto che la nonna faceva sempre, con quella precisione e quell'amore per le piccole cose che la rendevano unica. In quell'istante, tra le lacrime, un sorriso nasce sui nostri volti, quasi come se anche lei fosse lì con noi, a sistemare ogni dettaglio con la sua solita dedizione.

È un addio doloroso, ma in quel gesto vedo il riflesso della sua eredità, quel modo di essere attenti, affettuosi, premurosi che ha trasmesso a tutti noi. E mentre la bara scivola lentamente nel loculo, capisco che anche se non è più con noi fisicamente, la sua presenza ci accompagnerà per sempre.

Con la voce rotta, pronuncio le ultime parole: "Ciao, mia bella mamma, ti ameremo eternamente."

Passano i giorni, e la casa, un tempo così calda e piena di vita, ora sembra vuota, spogliata di quel senso di appartenenza che solo mamma sapeva darle. Le stanze, che prima risuonavano dei suoi passi, della sua voce e delle sue risate, ora sembrano così silenziose. Ogni angolo della casa parla di lei, ogni oggetto è un ricordo, ma non c'è più quella presenza fisica che rendeva tutto completo. La famiglia stessa non è più la stessa, come se un pezzo essenziale fosse stato strappato via, lasciando un vuoto che sembra impossibile colmare.

Io e Jessy ci stringiamo attorno a papà. Facciamo il possibile per lui, ci assicuriamo che non si senta solo, cercando di mantenere quella routine che, seppur svuotata del calore di mamma, rappresenta un modo per tenerla viva tra noi. Ma non è facile, e il vuoto che ha lasciato si fa sentire ogni giorno di più. Anche se siamo insieme, sembra che niente possa riempire quella mancanza.

Dentro di me, sento un altro vuoto crescere, ed è quello del rapporto con mia sorella. Ho sempre pensato che la morte di mamma ci avrebbe unite ancora di più, che avremmo trovato forza l'una nell'altra per affrontare quel dolore. Eppure, giorno dopo giorno, sembra che la distanza tra noi aumenti. Non so se è il dolore, il senso di perdita, o semplicemente la difficoltà di affrontare la vita senza il nostro pilastro, ma non riesco più a raggiungerla. Sento che si allontana, e io, per paura di farmi ancora più male, comincio a fare lo stesso.

Ma questo distacco mi pesa terribilmente. Lei è sempre stata il mio punto di riferimento, la mia confidente, la persona con cui ho condiviso tutto. Avevamo mamma in comune, e quel legame ci teneva unite. Ora, senza di lei, sembra che non sappiamo più come essere sorelle. Avrei bisogno di lei, di quei momenti insieme, anche solo per prendere un caffè, per parlare, per cercare conforto l'una nell'altra. Vorrei gridarle quanto mi manca, quanto mi manca lei, e quanto sia difficile affrontare tutto questo da sola.

La sua assenza è un dolore che si aggiunge alla perdita di mamma, e mi fa sentire ancora più sola in un mondo che sembra ormai troppo grande e troppo freddo senza di loro.

Una mattina, tutto sembrava seguire il ritmo tranquillo della domenica. Papà era uscito con i suoi amici per il picnic, come faceva da anni, ne aveva bisogno di un po' di sollievo.. Jessy era in cucina, concentrato a preparare il pranzo con la stessa dedizione e amore che sua nonna avrebbe apprezzato. La casa sembrava respirare una calma momentanea, quasi come se stessimo cercando di ritrovare un equilibrio, nonostante l'assenza di mamma fosse ancora così dolorosamente tangibile.

Salgo al piano di sopra per chiudere le finestre nelle camere, come sempre. Niente di strano, solo i gesti di una routine che cerco di mantenere per tenermi occupata, per non pensare troppo. Ma mentre esco dalla terza camera e scendo una decina di scalini, qualcosa di straordinario accade. Il mio cuore sembra fermarsi per un istante. Davanti a me, per una frazione di secondo, vedo mamma. È lì, proprio lì, come se fosse sempre stata parte della casa, con il suo maglione blu e il colletto rosso che conoscevo bene.

La mia voce si rompe mentre la chiamo, "Mamma...". Ma non c'è risposta. Lei sparisce nel bagno in un battito di ciglia, come un'ombra che si dissolve, lasciandomi a fissare incredula. Corro giù per le scale, il cuore mi batte così forte che quasi mi manca il fiato. Apro la porta del bagno con mani tremanti, sperando, pregando che sia davvero lei. Le tende si muovono improvvisamente, volano verso il soffitto come spinte da una brezza invisibile. "Mamma," sussurro di nuovo, con la voce incrinata dalla speranza. Ma il bagno è vuoto.

Eppure, so che l'ho vista. Era lì. Non solo nella mia mente, ma in quell'istante, in quella stanza, l'ho percepita in ogni fibra del mio essere. Il suo profumo, la sua presenza, quell'aura che solo lei poteva avere. Il mio cuore è gonfio di un'emozione indescrivibile, un misto di meraviglia, amore e struggente nostalgia.

Senza pensarci, corro in cucina, le parole che escono tutte insieme: "Jessy, ho appena visto la nonna!". Lui mi guarda, e nei suoi occhi non c'è dubbio, nessuna incertezza. Mi crede. Mi abbraccia stretto, e in quel momento, il suo abbraccio è l'unica cosa che mi ancora alla realtà. La percezione di mamma era così forte, così palpabile, che sembrava quasi impossibile pensare che non fosse più con noi.

Forse, in qualche modo, lei non se n'è mai davvero andata. Forse era lì per farmi sapere che, anche se non la possiamo vedere o toccare, continua a vegliare su di noi.

I giorni si trasformano in settimane, e il gelo tra me e mia sorella persiste come una nebbia fitta e impenetrabile. Ogni tentativo di contatto sembra infrangersi contro un muro invisibile. Ancora una volta, le chiedo se possiamo trascorrere un'ora insieme, ma le risposte sono sempre vaghe e sfuggenti. "Sì, certo," dice, ma non trova mai il tempo. Le nostre conversazioni al telefono, un tempo calde e cariche di affetto, ora si sono trasformate in scambi formali e freddi, come se fossimo estranee.

Non capisco cosa sia successo, perché il nostro legame, che sembrava così solido e indissolubile, è svanito nel nulla, come un sogno al risveglio. Mi chiedo continuamente cosa abbia fatto per meritarmi questa distanza, questa solitudine. La sua assenza pesa sul mio cuore, e mi sento intrappolata in un vortice di emozioni contrastanti: amore, tristezza, e una crescente frustrazione.

Ogni giorno, cerco di richiamare alla mente i momenti condivisi, le risate, il sostegno reciproco, eppure tutto ciò che trovo è un silenzio assordante. Non posso fare a meno di pensare che, in qualche modo, la morte di nostra madre ci abbia allontanate invece di unirci. E mentre il dolore per la sua perdita continua a ferirmi, la mancanza di mia sorella sembra aggiungere un ulteriore strato di solitudine a questa già pesante realta'.

Il giorno prima della mia partenza, la festa della mamma si avvicina come un fantasma inquietante. In passato, quando mamma era viva, quella giornata era un'occasione speciale, un momento in cui tutta la famiglia si riuniva per mangiare fuori, festeggiando e condividendo ricordi e risate a spese dei miei genitori. Ma ora, con solo io e Jessy qui, sembra che nessuno abbia voglia di mantenere quella tradizione.

Chiedo a mia sorella cosa abbiamo in programma per il giorno speciale, sperando che possa illuminare un po' il clima pesante che ci circonda. La sua risposta mi colpisce come un pugno allo stomaco: "Ora che mamma non c'è più, andare al ristorante costa troppo." Cosa? Quella frase rimbomba nella mia mente, un eco di incredulità. Per anni, è stata lei a fare affidamento sui nostri genitori per ogni piccola cosa, e ora che sono qui, si permettere di dire che un pasto in famiglia è un lusso?

Mi sento di nuovo come se non facessi parte di questa famiglia, come se le sue parole avessero eretto un muro tra noi. Pensavo che, in un momento come questo, avremmo potuto onorare la memoria di nostra madre insieme, andare al cimitero per deporre dei fiori e ricordare i momenti felici trascorsi con lei. Ma sembra che non ci sia spazio per quei ricordi, solo per la freddezza e la distanza.

Non posso più sopportare questa situazione. Ogni giorno che passa sembra solo amplificare il dolore e l'assenza di mia madre, ma anche la mancanza di un legame con mia sorella. La frustrazione e la tristezza si accumulano in me, e mi rendo conto che non posso restare qui a vivere questa realtà così distante da quella che desideravo. Devo andarmene, trovare un posto dove possa elaborare il mio dolore senza il peso di questo silenzio insopportabile.

Il giorno della mia partenza è arrivato, e l'aria è carica di emozioni contrastanti. Sto tornando in Friuli, tra le braccia di mio marito, nostro Stephen, e della nostra adorata Maggie, dopo sette lunghi mesi di lontananza. La prospettiva di riunirmi con loro è una luce nel buio, Lascio Jessy con il nonno per altre due settimane, e il pensiero di vederlo tornare a casa mi dà un po' di conforto. Ma in questo momento, il dolore è palpabile. Saluto papà a casa; lui non viene all'aeroporto. Il suo abbraccio è carico di lacrime e silenzio, un momento che pesa come un macigno sul mio cuore.

All'aeroporto di Melbourne, le emozioni mi travolgono. Ogni volta che lascio la mia terra, sento un pezzo di me rimanere indietro. Mia sorella mi infila una lettera nella borsa, dandomi istruzioni di non aprirla finché non sarò sull'aereo. È una tradizione tra di noi, e ogni lettera è un dono d'amore, ma stavolta sembra più pesante, quasi un simbolo di tutto ciò che ci separa.

Gli abbracci che ci scambiamo sono freddi, come se tra di noi ci fosse un muro invisibile. Tra le lacrime, le dico che desideravo solo un'ora insieme, e mentre pronuncio quelle parole, la mia speranza si fa sempre più flebile. Il volo verso Dubai si snoda in un tempo che sembra dilatarsi all'infinito, e ogni minuto che passa aumenta la mia nostalgia e il mio desiderio di connessione.

La lettera di mia sorella pesa sulla mia coscienza, un mistero da svelare che dovrò affrontare solo quando sarò in volo, lontana da casa ma vicina ai ricordi che tanto amo.

Il volo verso Dubai si snoda come un lungo e tortuoso viaggio attraverso le nuvole, e ogni minuto che passa sembra allungarsi all'infinito. Quando finalmente atterro, il mio cuore è già pesante, ma la vera prova deve ancora arrivare: quattro ore di attesa per il volo verso Venezia.

Decido di prendermi un momento di pausa e mi dirigo verso un bar. Ordino un cappuccino e un cookie, cercando conforto in quei sapori familiari, un tentativo vano di riscaldare il mio spirito. Mentre siedo lì, circondata da volti sconosciuti, sento il peso della lettera di mia sorella nella borsa, come un macigno che mi schiaccia il cuore.

Con mano tremante, la tiro fuori e la apro. Le parole che scorrono davanti ai miei occhi sono come schegge di vetro affilate, ogni frase un colpo diretto. Non avrei mai immaginato che una sorella potesse infliggere un dolore così profondo. Ogni riga sembra un'accusa, una critica a tutto ciò che sono, a ciò che sento. Mi sento disgustata e tradita; le parole sembrano provenire da qualcuno che non riconosco, come se le avesse scritte guardandosi in uno specchio distorto.

Mentre le lacrime iniziano a scorrere, sento un groppo alla gola. Le mie emozioni si mescolano in un turbinio di rabbia, tristezza e confusione. È come se avessi perso due volte: prima mia madre, la mia guerriera, e ora la sorella che ho sempre ammirato, che avrei voluto accanto in questo momento di lutto e vulnerabilità.

Infilo la lettera nella borsa con la determinazione di non buttarla mai via, ma la delusione e il dolore rimangono impressi nel mio cuore. Sento una parte di me stessa spezzarsi, come se con la morte di mamma anche una parte di lei se ne fosse andata.

QUANT'E' FACILE DIMENTICARE 117

Mentre osservo l'aeroporto, un luogo che dovrebbe rappresentare il ritorno a casa, mi sento sempre più sola, persa in un ambiente che sembra immenso e freddo. Questo viaggio, che avrebbe dovuto segnare un momento di riconnessione, si trasforma in un'odissea di emozioni contrastanti, lasciandomi con un vuoto che non riesco a colmare. La mia mente è un tumulto di pensieri e ricordi, e in quel momento capisco quanto sia difficile ricostruire i legami che sembrano essersi frantumati.

Finalmente, il volo decolla, e mi ritrovo avvolta in un mare di pensieri e lacrime. Il cielo fuori è grigio e cupo, e le nuvole sembrano rispecchiare il tumulto del mio animo, come se anche il mondo là fuori stesse piangendo con me. Mi accoccolo sul sedile, cercando di trovare un po' di conforto nel pensiero che presto sarò di nuovo circondata dai miei amori in Friuli, nel calore e nella sicurezza della mia famiglia. Ogni secondo che passa sembra un'eternità, ma ogni attimo mi avvicina al mio rifugio tanto desiderato.

Quando l'aereo finalmente atterra a Venezia, una sensazione di sollievo mi pervade, come se un peso enorme si fosse sollevato dal mio cuore. Guardando fuori dal finestrino, vedo una scia di nuvole che danza nel cielo, formando dolci cuori bianchi. È come se mia madre fosse lì, invisibile ma presente, guidandomi verso il terreno che tanto amo, pronta ad accogliermi. Le lacrime affiorano e scendono lungo le guance mentre sussurro al cielo: "GRAZIE MAMMA; TI AMO."

In quel momento, sento la sua presenza ovunque attorno a me, come una carezza delicata che avvolge il mio cuore in un abbraccio rassicurante. La tristezza che mi ha accompagnato in questi mesi, come un'ombra costante, sembra svanire, sostituita da un calore avvolgente che mi ricorda che, nonostante tutto, l'amore che abbiamo condiviso non morirà mai. Con il cuore colmo di emozioni e una nuova determinazione, mi preparo a rientrare a casa, consapevole che anche se la vita è cambiata in modi che non avrei mai potuto immaginare, l'amore di mia madre è una luce che continuerà a brillare nel mio cammino.

Quando finalmente metto piede fuori dall'aeroporto, l'aria fresca di Venezia mi accoglie, portandomi una sensazione di sollievo misto a nostalgia. Ma prima ancora di riuscire a raccogliere i miei pensieri, vedo mio marito Alberto e Stephen corrermi incontro. Il loro abbraccio è immenso, avvolgente, come se volessero riempire il vuoto e sanare tutte le ferite che questi lunghi mesi di dolore e distanza hanno inciso. Le loro braccia mi stringono forte, e in quel gesto c'è tutto: amore, compassione, solidarietà.

È un momento che sembra fermare il tempo. La sofferenza degli ultimi mesi, la lontananza, il vuoto lasciato dalla perdita, tutto si dissolve nel calore di quell'abbraccio. È come se in quell'istante tutte le lacrime, le notti insonni e i pensieri tristi trovassero una nuova casa, un luogo sicuro dove poter finalmente trovare pace. Mi sento accolta, amata, e soprattutto, non più sola.

Siamo di nuovo riuniti, e l'amore che condividiamo per la nostra mamma, per la nonna, si fa palpabile, quasi tangibile. È un legame invisibile, ma potentissimo, che ci tiene uniti nonostante tutte le difficoltà, che ha superato il dolore e la perdita. Sento il suo amore avvolgerci, come un manto invisibile che ci protegge e ci guida. In quell'abbraccio c'è anche lei, la sua presenza è viva nei nostri cuori, e mi sembra di sentire la sua voce sussurrarmi all'orecchio, rassicurandomi che andrà tutto bene.

Con ogni respiro, ogni stretta, sento la forza dell'amore che ci unisce, un legame che nessuna distanza, nessuna perdita, potrà mai spezzare. Siamo qui, insieme, a testimonianza di un amore che ha superato tutto, e che ci terrà uniti, sempre. La distanza e la sofferenza sembrano dissolversi nel calore di quel momento. Siamo finalmente riuniti, e il nostro amore per mamma/nonna si fa sentire come un legame ineluttabile che ha superato ogni prova.

Le due settimane successive si rivelano un periodo di profonda guarigione e riavvicinamento, quasi come se il tempo stesso avesse deciso di fermarsi per permetterci di respirare, di ritrovare noi stessi. Quando Jessy arriva, è come un raggio di sole che squarcia il cielo grigio delle nostre vite. Corriamo l'uno verso l'altro, e il suo abbraccio è un'esplosione di emozioni. Ci stringiamo forte, in una stretta che parla di gioia, di lacrime, di sollievo, ma soprattutto di amore. È come se, in quel momento, tutto il dolore che noi quattro avevamo accumulato nei mesi passati si sciogliesse nei suoi abbracci, lasciando spazio alla speranza e alla forza di andare avanti.

Ci riuniamo come una famiglia che ha affrontato l'inimmaginabile, ma che non si è spezzata. Ci sono stati momenti di smarrimento, di sconforto, ma ora siamo qui, più forti che mai. Ogni sorriso, ogni gesto, ogni sguardo scambiato ci ricorda quanto siamo stati coraggiosi. E il pensiero che mamma ci stia osservando da lassù, con orgoglio, ci riempie il cuore. La sua forza e il suo spirito vivono in noi, e questo ci dà una serenità che non pensavamo di poter ritrovare così presto.

In queste due settimane, non lasciamo passare un solo giorno senza onorare la sua memoria. Organizziamo piccoli eventi intimi, solo noi, come avrebbe voluto lei: un pranzo in giardino con le sue ricette preferite, serate in cui ci sediamo a raccontare aneddoti su di lei, ricordando le sue battute, i suoi abbracci, il suo sorriso che illuminava ogni stanza. Ogni gesto è un tributo, un modo per farla vivere ancora tra di noi.

Ogni giorno è un piccolo passo verso la guarigione. Ogni momento condiviso ci ricorda quanto fosse speciale, quanto fosse amata. La sua assenza fisica si fa sentire, certo, ma la sua presenza spirituale riempie ogni vuoto. Lei è lì, con noi, nei tramonti che ci regalano un senso di pace, nelle risate che tornano piano piano a riempire la casa. Siamo fieri di ciò che siamo, di ciò che siamo stati capaci di affrontare, e anche se il percorso è ancora lungo, sappiamo che mamma ci guida in ogni passo.

L'amore che ci ha lasciato, quell'amore infinito e incondizionato, continua a fiorire dentro di noi, come una luce eterna che ci accompagnerà per sempre.

Una sera, mentre Jessy ed io siamo seduti nel silenzio confortevole del nostro salotto, circondati da ricordi di mamma, decidiamo di parlare della lettera che mia sorella mi ha dato. Mi pesa nel cuore come un enigma che ho evitato di affrontare. . Le parole scritte con una calligrafia familiare scorrono sotto i miei occhi, piene di emozioni che non mi aspettavo. Mia sorella riversa sulla carta il suo dolore, la sua solitudine e il suo desiderio di riparare il legame che sembrava perduto tra di noi.

Parla della mancanza straziante della nostra madre, di come ogni giorno senza di lei sembri una montagna da scalare, e di quanto sia difficile portare il peso della perdita senza il conforto che una volta trovavamo l'una nell'altra. Mi descrive la sua lotta quotidiana, il senso di vuoto che la pervade, e mi rendo conto che, nonostante il nostro distacco, lei sta soffrendo esattamente come me. Mi aveva sempre mostrato forza, ma ora vedo la sua vulnerabilità emergere attraverso le parole di quella lettera.

Leggere queste righe mi provoca una fitta di tristezza, ma anche di comprensione. La rabbia e il risentimento che avevo accumulato sembrano sciogliersi lentamente, sostituiti da una nuova consapevolezza: non siamo nemiche, ma due sorelle perse nel dolore, ciascuna cercando di sopravvivere in modi diversi. La lettera mi ricorda che anche lei sta affrontando il suo personale inferno, che anche lei ha perso una madre e una parte di sé.

Jessy mi osserva mentre leggo, capendo dall'espressione del mio volto il tumulto di emozioni che provo. Mi incoraggia a risponderle, a fare il primo passo verso la riconciliazione. E così decido di farlo. Prendo carta e penna e, con le lacrime agli occhi, inizio a scriverle. Non so da dove iniziare, ma lascio che il cuore parli: le dico quanto mi manca, quanto la mia vita sia stata segnata dalla sua distanza e dal nostro legame spezzato. Le confido che ho sofferto tanto, ma che ora voglio andare oltre. Non possiamo cambiare il passato, ma possiamo ancora costruire un futuro insieme, guarendo le ferite che ci portiamo dentro.

Scrivo di mamma, di come ci guardi da lassù, sperando che possiamo ritrovare la strada l'una verso l'altra. Non è facile, ma decido di mettere da parte l'orgoglio e fare spazio al perdono. Voglio che sappia che sono qui, pronta a camminare questo difficile cammino insieme a lei, come sorelle, come compagne di vita.

Quando chiudo la lettera, sento una strana pace. So che non sarà un processo semplice, ma il primo passo è stato fatto. Spero che, un giorno, quando leggerà queste parole, capirà che l'amore tra sorelle può superare qualsiasi ostacolo, persino il dolore più profondo.

Il ritorno alla vita quotidiana in Friuli è stato un percorso lento e delicato, quasi come imparare di nuovo a camminare dopo una lunga caduta. La casa, che una volta sembrava vuota, si è riempita gradualmente di calore, amore e nuove speranze. Alberto, Stephen, Jessy e io ci siamo gettati nel nostro futuro, cercando di costruire una vita che non solo onorasse la memoria di mamma, ma che continuasse a tramandare il suo immenso legato d'amore. Ogni decisione, ogni progetto, ogni momento vissuto insieme è stato un omaggio a ciò che lei ci aveva insegnato: l'importanza di stare insieme, di prendersi cura l'uno dell'altro e di affrontare ogni sfida con il cuore aperto.

Ogni giorno, c'è un piccolo gesto, un pensiero o un ricordo che la riporta vicino a noi. Che sia una passeggiata nel giardino che lei amava tanto, o un pasto preparato con le sue ricette preferite, mamma è sempre presente. È diventato quasi naturale parlare di lei come se fosse ancora lì, accanto a noi, a guidarci nei nostri piccoli e grandi gesti quotidiani. Il dolore per la sua assenza rimane, ma si trasforma in una forza che ci spinge a vivere in modo pieno e a mantenere viva la sua eredità.

Nel frattempo, i legami con Melbourne, con la mia terra e con la mia famiglia d'origine, rimangono saldi. Ogni telefonata con mia sorella è un passo verso una possibile riconciliazione, anche se il cammino è ancora incerto e doloroso. Sento che, lentamente, la distanza emotiva tra di noi si sta riducendo, e questo mi dà speranza. Nonostante tutto, il nostro legame fraterno è qualcosa che va oltre i rancori e le incomprensioni.

È come se, pur camminando su strade diverse, ci stessimo avvicinando nuovamente. Forse non torneremo mai esattamente come eravamo, ma spero che il tempo, con la sua saggezza, possa portare a entrambe la pace e la comprensione di cui abbiamo bisogno. La guarigione, dopotutto, non è mai lineare, ma si costruisce con piccoli gesti, con parole sussurrate e con il desiderio sincero di ricostruire ciò che è andato perduto.

In questo periodo di cambiamenti, ho imparato che, anche quando sembra che tutto sia distrutto, l'amore può trovare la sua strada. E, forse, un giorno, noi sorelle saremo capaci di ritrovarci davvero, unite non solo dal dolore, ma da un nuovo inizio.

L'amore vero non si misura solo nei momenti di gioia, ma soprattutto nei sacrifici più grandi, nelle distanze colmate con il cuore e nelle lacrime versate per chi amiamo. E noi, come famiglia, abbiamo fatto qualcosa di straordinario. Abbiamo affrontato e superato sfide che avrebbero spezzato molte persone, ma non noi. Abbiamo resistito, insieme, per la donna più grande, più bella che abbia mai camminato su questa terra e che ora brilla ancora più luminosa in Paradiso. La nostra mamma, la nostra guerriera, la nostra eterna ispiratrice.

Abbiamo dato tutto di noi stessi, senza esitazione, perché l'amore che ci ha insegnato ci ha dato la forza di fare l'impossibile. Non tutti avrebbero avuto il coraggio di fare questi sacrifici, di sopportare il peso della distanza e del dolore, ma noi sì. Perché l'amore che ci ha uniti a te, mamma/nonna, è più forte di qualsiasi distanza, più grande di qualsiasi sacrificio. Ogni gesto, ogni sacrificio, è stato un atto d'amore per te, la donna che ci ha insegnato tutto.

Non c'è un solo giorno che passi senza sentirti vicino, senza ricordare il tuo sorriso, la tua forza, il tuo amore infinito per noi. Sei stata il nostro faro, la nostra guida in ogni momento difficile, e continuerai ad esserlo per sempre. Le tue lezioni di vita, il tuo amore incondizionato, la tua resilienza ci accompagneranno per tutta la vita, alimentando ogni nostra scelta, ogni nostra azione.

Non c'è niente che possa spezzare il legame che ci unisce a te. Anche ora che non sei più fisicamente con noi, tu vivi in ogni gesto d'amore che facciamo, in ogni sorriso che doniamo, in ogni battito dei nostri cuori. Sei parte di noi, mamma/nonna, per sempre.

Per la donna più grande, più bella, la più straordinaria che abbia mai camminato su questa terra e che ora risplende ancor più luminosa tra le stelle del Paradiso. La nostra guerriera, la nostra guida invincibile, la nostra eterna ispiratrice.

Mamma/nonna, sei stata molto più di una madre e una nonna. Sei stata un faro di luce in ogni tempesta, un rifugio sicuro nei momenti più bui. Hai affrontato ogni sfida con una grazia e una forza che ci hanno insegnato il vero significato del coraggio. Ogni tuo gesto, ogni tua parola, ogni sacrificio che hai fatto per noi ha lasciato un segno indelebile nei nostri cuori.

Non solo ci hai insegnato a vivere, ma ci hai insegnato ad amare, a lottare, a resistere. Sei stata l'incarnazione dell'amore puro, la nostra fonte inesauribile di forza e speranza. Ci hai dimostrato che anche nei momenti più difficili, c'è sempre una ragione per andare avanti, per sorridere, per non arrendersi mai.

La tua vita è stata un esempio di resilienza, di grazia, di potenza femminile. Sei stata la nostra più grande ispiratrice, mamma/nonna, e continuerai ad esserlo, perché il tuo spirito vive in ogni singola cosa che facciamo. Ogni passo che compiamo, lo facciamo con la forza che ci hai donato, con l'amore che ci hai instillato, con la certezza che tu ci guardi dall'alto, orgogliosa di noi.

Non esiste al mondo un'anima più bella della tua, né in cielo né in terra. Sei e sarai sempre la nostra regina, la nostra guerriera, colei che ci ha insegnato tutto quello che conta nella vita: l'amore, la famiglia, il sacrificio, e soprattutto la speranza. Il tuo esempio ci guida ancora oggi, ogni volta che ci troviamo davanti a una sfida, ogni volta che ci sentiamo persi.

Tu sei l'ispirazione che ci spinge a essere migliori, a non arrenderci, a vivere ogni giorno con gratitudine e forza. Per sempre, mamma/nonna, sarai il nostro faro, la luce che ci guida attraverso la vita. E in tutto ciò che facciamo, portiamo con noi il tuo amore, la tua forza e la tua indomabile voglia di vivere.

Per sempre la nostra più grande guerriera, la nostra più grande ispiratrice. We love you eternally.

Hai seminato l'amore, e noi raccogliamo i tuoi insegnamenti ogni giorno, rendendoti onore con la nostra vita. Rimarrai per sempre una parte di noi, incisa nei nostri cuori come la stella più brillante nel cielo.

Per sempre tuoi, con amore eterno.

LA DEDICA A MAMMA LETTA AL SUO FUNERALE

Vicini, oltre all'ultimo respiro.

Più che chiedermi che cosa ci sia dopo la morte, mi sono sempre chiesta cosa ci fosse prima di nascere.

Vi siete mai chiesti come dev'essere stato svegliarsi senza essere mai andati a dormire?

Penso che la mamma abbia sempre avuto questa risposta in qualche suo libro di ricette segrete.

Sei sempre stata attiva, sempre con un sorriso ed il tuo pensiero era sempre primario al prossimo.

QUANT'E' FACILE DIMENTICARE

Sai mamma, vivere a distanza a volte non è affatto facile, ma ti voglio ringraziare ancora una volta perché tu ci hai insegnato che l'amore va oltre ogni limite.

I tuoi esempi mi hanno dato la possibilità di conoscere Alberto e di avere due figli che valgono più di ogni distanza.

E io mi sento orgogliosa di avere te come mamma.

Dico avere, perché hai sempre fatto parte di me, ti ho sempre percepita e per sempre lo farò nonostante ogni lontananza.

Ti sento, ti vedo e so che sei ancora qua a casa con papà, e ne sono felice perché so che anche lui ha bisogno di respirarti ancora.

Quanto sei bella mamma.

Grazie perché ci hai dato la tenerezza delle tue carezze, il bacio della buona notte, il tuo sorriso premuroso.

Grazie perch

Hai sempre asciugato in segreto le mie lacrime, hai incoraggiato i miei passi, hai corretto i miei errori, hai protetto il mio cammino, hai educato il mio spirito, e con saggezza e con amore assieme a papà mi hai introdotto alla vita assieme a mia sorella.

E mentre vegliavi con cura su di noi trovavi sempre il tempo per i mille lavori di casa, là sul tuo amato giardino.

Come dicevi sempre tu:

A te che sei nata contadina e sempre vivrai sulla tua amata terra.

A te che non sei mai andata a dormire.

A te che ci hai insegnato a non mollare mai.

A te che sei rinata dentro tutti noi.

Oggi non è la fine, ma un nuovo inizio dove saremo di nuovo vicini, ancora più forti, fino all'ultimo nostro respiro.

Così come ci hai insegnato tu.

TI AMEREMMO ETERNAMENTE.